Een gids voor Theatresports™ van Keith Johnstone
THEATRESPORTS™

International Theatresports Institute

Uitgegeven 2017 door het Internationaal Theatresports™ Instituut (ITI)

215 - 36 Avenue NE, Unit 6 | Calgary, AB | T2E 2L4 | CANADA

Copyright© 2017 ITI

Oorspronkelijk exclusief en kosteloos uitgegeven voor leden met uitvoerings-rechten. Nu ook beschikbaar voor niet-leden.

Deze gids vervangt op geen enkele wijze uitvoeringsrechten.
Niet bezitters van de uitvoeringsrechten die Theatresports™ wensen uit te voeren, dienen een aanvraag in te dienen via: admin@theatresports.org.

Vertaald uit het Engels door Caroline Hermans, Nathalie Van Renterghem, Jan Verlinden, Immanuela Lawrence en Erik van der Liet
Vormgeving: Dagmar Bauer konzipiert & gestaltet, Stuttgart, Duitsland
Illustraties door fotolia.com

Coverfoto:
TTeatro A Molla - Bologna, Italië
 *door Gianluca Zaniboni*

Foto volgende pagina:
Loose Moose Theatre - Calgary, Canada
 *door Breanna Kennedy*

INHOUD

8 VOORWOORD BIJ DE NEDERLANDSE VERTALING

10 INLEIDING
10 Over deze gids
11 Keith Johnstone
12 Bronnen
12 Het Internationaal Theatresports™ Instituut (ITI)

14 THEATRESPORTS™ ACHTERGROND
14 Wat is Theatresports™?
14 Theatresports™ Oorsprong
15 De Wereldwijde Explosie van Theatresports™
17 Wat Theatresports™ Kan Verwezenlijken
17 Inhoud

18 BELANGRIJKE CONCEPTEN
18 Wat Je Moet Weten Voor Je Start
18 De instelling
19 Falen
20 Teamwerk
20 Wangedrag
21 Vaardigheden
22 Terminologie

24 LATEN WE BEGINNEN
24 Theatresports™ op Sluipenderwijs
24 De Snelle Start
25 Wat je nodig hebt voor een basis Theatresports™
25 Een Theatresports™ Voorstelling
26 Het 10 Minuten Game
27 De Vrije Improvisatie
27 Het Deense Game
28 De Gewone Uitdaging`s Match
29 Variatie

30 Theatresports™ IN MEER DETAIL
30 Rampscenario is Onvermijdelijk
30 De Start van de Show
31 De Commentator
31 Competitie
32 Teams
32 Opkomst van de Teams
33 Plaatsing van de Teams
33 Het Verlaten van het Podium
34 Rechters
35 Opkomst van de Rechters
35 Hel Rechters
36 De Toeter
39 De Mand
39 Scores en Scorekaarten
40 Eerlijkheid
40 Uitdagingen
43 Het Winnen van Prijzen
43 Advies van Keith

44 AANDACHT VOOR DETAIL
44 Scenografie
45 Opmerkingen
46 Lijst van Games

48 AFSLUITEND
48 Laatste Woorden
48 Voor Verdere Informatie

VOORWOORD BIJ DE NEDERLANDSE VERTALING

Nathalie Van Renterghem, Inspinazie / België

Ik heb veel bewondering voor de nauwgezetheid waarmee Keith Johnstone de formats Maestro, Gorilla en Theatersport tot in de puntjes ontwikkelde en ook bleef bijschaven. Het zijn bovendien zowel sterke podiumproducten als effectieve pedagogische instrumenten. Je bent er ook nooit mee klaar. Met Inspinazie speelden we 25 jaar geleden lange tijd deze formats en recent waagden we ons aan een herbezoek: boeiend, confronterend en leerrijk om dit met een groep doorwinterde spelers te doen.

Ik hoop dat de vertaling van de Theatersportgids zal bijdragen aan gelijkaardige ervaringen voor vele spelers in Vlaanderen en Nederland. De negativiteit waarmee de origine van Theatersport regelmatig ter discussie staat in Nederlandstalige gebieden vind ik jammer. Ik denk dat daar gebeurt wat wel vaker het geval is met concepten die een eigen en bekritiseerd leven gaan leiden: de origines worden niet voldoende geëerd of zelfs ontkend. Gebeurtenissen zoals juridische conflicten, dragen daar helaas aan bij, ook al staan ze op zich los van de inhoudelijke waarde van een concept. Grondleggers krijgen daarbij - meer door tegenstanders dan door voorstanders - een vals guru-imago aangemeten, waar vervolgens op neergekeken wordt. Voor mij is niemand een guru, maar in een maatschappij die zo hard gericht is op individuele verwezenlijkingen, wordt vaak en soms op pijnlijke wijze voorbijgegaan aan waardering en respect voor de "elders". Keith heeft er zijn levenswerk van gemaakt om acteurs binnen een gezelschap werkelijke spelvrijheid te laten ervaren en over te brengen op publiek. Hij kadert dit steevast tegen de achtergrond van een maatschappij (en bijhorend educatief systeem) van regeltjes en macht. Hij is daarom een van mijn belangrijke leermeesters, binnen en buiten improvisatietheater. Ik raad zijn werk van harte aan.

Er zijn veel manieren om je erin te verdiepen en er het jouwe mee aan te scherpen. Je kan een cursus bij hem volgen, of bij mensen die lang nauw aan zijn zijde gewerkt hebben, zijn boeken lezen, je aansluiten bij het ITI-netwerk. Nu is er dus ook de vertaling van zijn Theatersportgids. Lees, frons, herkader, ontdek, speel, geniet!

Bart Van Loon

"Improvisatie houdt in dat je een situatie benadert zonder rigide verwachtingen of vooroordelen. We moeten doorgaan, angstig of niet, en voorbereid zijn op alles wat op onze weg komt. Dat is hoe het leven is." Deze quote van Bobby McFerrin is me altijd bijgebleven sinds ik hem voor het eerst las.

Het valt op hoeveel levenslessen je uit improvisatieworkshops en andere improvisatie-ervaringen kunt halen. Vaak hebben improvisatiefestivals niets minder dan een therapeutisch effect op hun deelnemers. Niemand belichaamt deze overlap van improvisatie en leven meer dan Keith Johnstone.

Er is echter een valkuil. We hebben allemaal al shows ervaren die veel liefde en applaus van het publiek mochten ontvangen, maar die ons toch het onbehaaglijke gevoel gaven dat de ideeën achter improvisatie verraden werden. En we kennen allemaal wel die populaire improvisator waarvan we voelen dat ie onderweg naar het succes het publiek bedriegt.

Dit komt door de omgevingen die we creëren waar gedrag dat niet past bij de geest van improvisatie het meest beloond wordt.

Keith staat bekend om het uiten van zijn verdriet over wat zijn nalatenschap soms geworden is. Dat is waarom ik geloof dat deze gids zo belangrijk is voor iedereen die enige vorm van Theatresports™ speelt. Ga je gang en plooi het format naar je eigen cultuur, publiek en omgeving, maar begrijp eerst haar wortels en beproefde ideeën.

Veel plezier!

***

Laura Doorneweerd

"Nah ja.... Kom op.... Pfff.... Dat meen je niet!"

Mijn Australische vriendin Anna kijkt af en toe op, maar gaat dan weer verder met het bakken van de cheesecake. Ik ben bij haar op bezoek in Sydney en zoals ik wel vaker doe, heb ik een boek uit haar kast getrokken om door te bladeren. We kennen elkaar via improvisatie-

theater en daar gaat het boek ook over. Ik ben het echter niet bepaald eens met de inhoud.
"Oke, moet je horen wat hij hier schrijft..." en ik citeer zinnen waar mijn nekharen van overeind gaan staan. Waar nodig zucht ik hartstochtelijk, of maak ik bijna-kots-geluidjes. En zo leidt dit tot een gesprek over onze kijk op impro, hoe we willen lesgeven en wat wij op een podium willen zien.
"Misschien kan ik dit boek beter wegdoen", zegt Anna terwijl ze hoofdschuddend het zelf weer eens doorbladert. "Oh nee, je moet het juist houden! En anders wil ik hem!"
Het ding is namelijk: ik ben het graag oneens. Het scherpt mijn mening, dwingt me harder na te denken.
"Read the rules, even if you don't follow them"
Overal in ons kikkerlandje wordt er getheatersport, maar wie kent de originele versie? Of heeft hun eigen versie naast de originele versie gelegd?
Ik smul van grondig tegensputteren, maar zo bleek: met deze handleiding kon ik wel iets. Echt boeiend om te lezen over de reden achter sommige keuzes, de ervaringen van andere improvisatiespelers en hoe ik mijn uitgekauwde versie van theatersport weer nieuw leven in kan blazen. Misschien jij ook wel.
Het boek in Anna's boekenkast was een andere. Als je wilt weten welke, vraag het gerust. Ik raad hem je graag af.

***

Immanuela van der Jagt -Lawrence

Meer dan vijftien jaar geleden speelde ik mijn eerste 'uitwedstrijd' Theatersport in Leiden. Ik maakte destijds deel uit van een groep uit Amsterdam (nu Easylaughs). Het was een leuke avond, en de rozen en natte sponzen vlogen door de zaal. Van de inhoud van de scènes zelf kan ik me helaas weinig herinneren.
Jaren later, speelde ik Theatersports™ (ja: de ™ is verdiend) in Calgary, met - tot mijn grote stress - Keith Johnstone in het publiek. Bij de opmerkingen na afloop, zei hij terecht: "Het lijkt alsof je meer plezier hebt aan de zijlijn dan op het podium." Zo leerde ik het belang van de juiste speelse instelling die hoort bij het spelen van Theatersport.
Deze gids is voor improvisatiespelers die graag hun toeschouwersaantal willen uitbreiden en die hun grenzen willen verleggen. Bij Theatersport zoals Keith Johnstone het bedacht heeft, ligt de nadruk op het nemen van risico's, en het creëren van scènes die men zich jaren later nog kan herinneren. Aan het eind van de avond, maakt het je niet uit of je team heeft gewonnen of verloren want het publiek heeft ware emotie gevoeld, en komt ongetwijfeld om die reden weer terug. Het allerbelangrijkste bij het spelen van Theatersport is dat je een speelse band met je teamgenoten koestert en onvergetelijke scènes probeert te creëren. Als dit niet lukt: blijf dan toch lachen, blijf er plezier aan beleven.

***

Ben Verhoeven

Mijn eerste ervaring met Theatresports™ was toen ik voor het eerst een boek van Keith Johnstone las enkele jaren geleden. Het is een beetje triest te moeten toegeven dat ik nog nooit een Theatresports™ match zag zoals het bedacht is door Keith en nu verspreid wordt door ITI. Ik deed zelf wel reeds twee keer mee met het Nederlands Theatersport Toernooi (NTT) en speelde enkele try-outs ter voorbereiding. Toegegeven, ik had er enorm veel plezier in! Maar zoals reeds eerder in verscheidene blogs (bv. op improblog.nl) is aangehaald, zijn er verschillende opmerkingen te plaatsen bij de Nederlandse versie van Theatersport. Als 'outsider' uit Vlaanderen vroeg ik me persoonlijk altijd af waarom je niet de filosofie zou volgen van de bedenker van het format dat je ooit overnam? Ik ben dan ook erg blij dat ITI nu heeft geïnvesteerd in een Nederlandse versie van de Theatresports™ Guide zodat meer groepen de originele en verder ontwikkelde ideeën achter Theatresports™ kunnen (her)ontdekken zodat ik hopelijk in de nabije toekomst een wedstrijd Theatresports™ in Vlaanderen of Nederland kan gaan kijken.

***

INLEIDING

OVER DEZE GIDS

Wij hopen dat deze gids voor jou een zinvolle bron van informatie en inspiratie zal zijn voor hoe je Theatresports™ speelt.
Deze gids is opgesteld om beginnende groepen bij te staan, om richting te geven aan groepen die niet zeker zijn of ze op het juiste spoor zitten, en voor groepen die reeds lang spelen als toetssteen voor hun vooruitgang en ontwikkeling.

Je vindt hier informatie over de geschiedenis van Theatresports™, de vereiste vaardigheden om het te spelen, de geest en de theorie achter het concept, zowel als praktische informatie met betrekking tot de structuur, de verschillende componenten en hoe deze samen te voegen bij de uitvoering van het format. Het geheel is doorspekt met citaten van Keith Johnstone, suggesties die eventueel gespreksonderwerpen in je eigen groep kunnen inspireren, en interessante aantekeningen over Theatresports™. Dit alles om je te ondersteunen in het succesvol en plezierig spelen van Theatresports™.

Het grootste deel van het materiaal in deze studiegids komt rechtstreeks van Keith Johnstone via zijn lessen, zijn nieuwsbrieven, zijn hoofdstukken over Theatresports™ in zijn boek Impro for Storytellers en persoonlijke gesprekken met hem. Bijkomende informatie en opmerkingen werden aangeleverd door improvisatiespelers met tientallen jaren ervaring in Theatresports™ en die in de afgelopen veertig jaar veelvuldig met Keith werkten. Sommigen van hen maken of maakten deel uit van het bestuur van het International Theatresports™ Institute (iTi).

Ook al bevat deze gids veel inzichten in improvisatie in het algemeen, de focus ligt in eerste instantie op Theatresports™. We moedigen je aan je improvisatievaardigheden verder te ontwikkelen door het volgen van lessen bij sterk geschoolde lesgevers en via gevarieerde bronnen, zoals Keith Johnstones:

Boeken
IMPRO improvisatie en theater
(verkrijgbaar in vele talen)
IMPRO FOR STORYTELLERS
http://www.keithjohnstone.com/writing/
http://theatresports.com/keiths-books/

DVD`s
Impro Transformations
Trance Masks
keithjohnstone.com/video/
theatresports.com/dvds-on-keith/

Workshops
Keith Johnstone Master Classes
keithjohnstone.com
The Loose Moose Theatre International Summer School
loosemoose.com
Lesgevers uit de ITI-lijst van aanbevolen lesgevers
theatresports.com/teachers/
ITI-lid gezelschappen (waarvan sommigen met cursusprogramma's)
theatresports.org/our-members/

Geniet van je reis door de wereld van Theatresports™ en hopelijk vind je de inspiratie, het plezier en het enorme potentieel van dit format dat zovele duizenden wereldwijd al sinds 1977 ontdekten.

ITI – Inspire The Improviser!

Vancouver Theatresports - Canada (ong. 1982)

Wist je dat? ....
Theatresports™ al werd gespeeld op elk continent uitgezonderd Antarctica en in meer dan zestig landen!

> Keith Johnstone
>
> Als improvisatiespeler, probeer je niet de hele tijd succesvol te zijn, je onderneemt risicovolle acties in het zoeken naar een mirakel.
>
> Doe je best niet. Laat anderen schitteren. Dan schitter je zelf.
>
> Maak de fouten en blijf opgewekt.

KEITH JOHNSTONE

door Steve Jarand

Keith Johnstone werd geboren in 1933 in Devon, Engeland. Hij groeide op met een grote afkeer van school, die volgens hem zijn verbeelding aantastte. Het Royal Court Theatre voerde een stuk van hem uit, en hij bleef er werken van 1956 tot 1966, als scriptlezer, regisseur en dramadocent, om er te eindigen als Medewerkend Regisseur (Associate Director) In zijn lessen begon hij de impact die onderwijs had gehad op zijn verbeelding in vraag te stellen, door te onderzoeken wat er gebeurde wanneer hij alles omkeerde wat zijn leraars hem steeds hadden gezegd te moeten doen. Hij hoopte zo de spontaneïteit bij zijn acteurs te vergroten. Het was in die tijd dat Keith een reeks improvisatie oefeningen ontwikkelde om toneelschrijvers over hun schrijversblok heen te helpen en om spontaneïteit van de acteurs te vergroten. Hij richtte de improvisatiegroep The Theatre Machine op in de jaren zestig, die toerde door Europa en Noord-Amerika en uitgenodigd werd door de Canadese regering om op te treden tijdens Expo 67. Keith verhuisde naar Calgary, Alberta, Canada in de jaren zeventig en in 1977 was hij mede-oprichter van de Loose Moose Theatre Company.

Keith is de grondlegger van het Impro System and improvisatieformats zoals Gorilla Theater™, Maestro™, Lifegame en Theatresports™. Hij is professor emeritus aan de universiteit van Calgary. Zijn boeken (Impro en Improvisation for Storytellers) verkopen beter dan die van Stanislavski in Duitsland. Hij schrijft theaterproducties voor kinderen en zowel korte als programma vullende stukken voor volwassenen. Zijn werk werd al uitgevoerd in Europa, Noord-Amerika, Afrika en Zuid-Amerika.

De universiteit van Stanford bewaart The Keith Johnstone papers, een verzameling van originele theaterteksten, geschriften, correspondentie, dramaturgisch materiaal, dagboeken en illustraties. Meer specifiek bevat het prille ontwerpen van hoofdstukken uit Impro en Impro for storytellers (waaronder vroege schrijfsels en kladversies over Theatresports™), de originelen van heel wat briefwisselingen (brieven aan Keith van o.a. Del Close, Peter Coyote, Samuel Beckett, Harold Pinter, Anthony Stirling, collega's van de Royal Court Theatre, leden van The Theatre Machine, enz.). Daarnaast herbergt het ook veel van Keith's vroegste kortverhalen, documenten van zijn tijd bij Royal Court, Theatre Machine en Loose Moose Theatre, alsook krantenartikelen, recensies, programma's, foto's, brieven, illustraties en posters.

* INLEIDING

BRONNEN

Biografische Informatie
Keith Johnstone -
A Critical Biography door Theresa Robbins Dudeck
The Keith Johnstone Papers
Voor vragen over The Keith Johnstone papers of vragen over het literaire werk van Johnstone, contacteer Theresa Robbins Dudeck, Literaire Uitvoerder voor Keith Johnstone.
trdudeck@gmail.com
theresarobbinsdudeck.com

Keith Johnstone
Het heet spelen. Het is een spel. Je bent een speler. Denk daaraan.

HET INTERNATIONAAL THEATRESPORTS™ INSTITUUT (ITI)

In 1998 werd het Internationaal Theatresports™ Instituut (ITI) opgericht. Het is een democratische organisatie waaraan Keith Johnstone het beheer van de rechten op het format Theatresports™ heeft toevertrouwd. Het ITI is ook een ledenvereniging voor groepen en individuen die samengebracht zijn door een gemeenschappelijke passie voor het werk van Keith Johnstone.
Het doel van het ITI is:
1. Het optreden als wereldwijd gereputeerde autoriteit op gebied van Keith Johnstone's formats: Theatresports™, Gorilla Theatre™ en Maestro Impro™
2. Het creëren van een levendige, geëngageerde en samenwerkende gemeenschap van leden.

Groepen die één of meer van de formats Theatresports™, Maestro Impro™ of Gorilla Theatre™ opvoeren, doen dit na het aanvragen en ontvangen van uitvoeringsrechten. Deze rechten zijn heel goedkoop en er zijn tegemoetkomingen in landen met een laag BNP. Ook scholen dienen uitvoeringsrechten te hebben, maar hoeven geen vergoeding te betalen. ITI beheert voor deze groepen de licenties voor de formats en voorziet bronnen voor het aanleren en verder ontwikkelen van improvisatievaardigheden en -formats. De inkomsten worden integraal besteed aan de werking van het ITI en het ondersteunen van leden. Keith Johnstone heeft steeds geweigerd opbrengsten van licentievergoedingen van Theatresports™ aan te nemen. Alle inkomens uit de rechten op Theatresports™ gaan naar de werking en de ontwikkeling van iTi en haar gelicentieerde groepen.

Het ITI staat paraat om je te ondersteunen en al je vragen te beantwoorden over Keith's werk, improvisatietechnieken, improvisatiegames en inbegrepen het gebruik van het Theatresports™ format zelf. Aarzel niet ons te contacteren via admin@theatresports.org.

Theatresports™ was de eerste vorm van internationale uitwisseling in Improvisatie. Groepen van over de hele wereld spraken voor het eerst met mekaar door middel van de gemeenschappelijke taal van Theatresports™.
Randy Dixon - Unexpected Productions Seattle, USA

UWCSEA Theatresports Show - Singapore
met toestemming van UWCSEA

THEATRESPORTS™ ACHTERGROND

WAT IS THEATRESPORTS™?

Improguise - Kaapstad, Zuid-Afrika
door Candice von Litzenberg

Theatresports™ is een theatervorm gebaseerd op improvisatietheater gecreëerd door Keith Johnstone. Het is onderhoudend voor zowel uitvoerders als publiek en beiden kunnen er ook iets van leren. Aan de oppervlakte is het een "theatercompetitie" in teams die dezelfde imaginaire strijd als professionele worstelaars opvoeren. Naar het publiek toe lijken de tegenstanders te willen winnen, maar intern koesteren ze de ambitie om wervelend en boeiend theater vol spontaneïteit, verhalende sketches en ondersteunend spel te brengen. Theatresports™ kan doen lachen en huilen, hooligangeroep oproepen, prikkelen en provoceren, dit alles terwijl het publiek voortdurend betrokken en meegesleept wordt.

DE OORSPRONG VAN THEATRESPORTS™

Loose Moose Theatre Calgary, Canada (ca. 1981)
door Deborah Iozzi

Loose Moose Thea[tre] Calgary, Canada (ong. 1981)
door Deborah Iozzi

Keith Johnstone - Impro For Storytellers p. 1/2

Theatresports™ is geïnspireerd op professioneel worstelen zoals 'Catch'. De matchen speelden zich af in bioscopen (voor het scherm) en de uitdrukkingen van doodsangst werden frontaal uitgespeeld. Theatermensen zouden het nooit geloofwaardig vinden. Worstelen was de enige vorm van arbeidersklasse theater wat ik ooit zag, en de opgetogenheid van het publiek was iets waar ik naar verlangde maar nooit meemaakte bij 'echt' theater.
We fantaseerden erover de catchers te vervangen door improvisatiespelers. Wat een "onmogelijke droom" was vermits elk woord en elk gebaar op een scène de goedkeuring vereiste van hare Majesteit's Lord Chamberlain.
Het was gênant om Russische bezoekers medelijden te zien hebben met ons gebrek aan vrijheid.
Ik begeleidde blijspellessen voor publiek, en Lord Chamberlain hield dat potje liever dicht, maar Theatresports™, een competitie tussen ploegen van improvisatiespelers, kon niet gepresenteerd worden als "educatief". Het bleef slechts een wijze om mijn improvisatielessen op te vrolijken, tot ik naar Canada verhuisde.

DE WERELDWIJDE EXPLOSIE VAN THEATRESPORTS™

Keith verkende de basis van Theatresports™ tijdens zijn lessen aan the Royal Court Theatre in de late jaren '50 en voor publiek met zijn groep The Theatre Machine in gans Europe tijdens de jaren '60. Theatresports™ zoals we het kennen werd voor het eerst uitgevoerd voor publiek in 1977 door een groep universiteitsstudenten die later de Loose Moose Theatre Company in Calgary AB, Canada zouden vormen. Dit werd snel een heus fenomeen! Toeschouwers konden niet geloven wat ze zagen. Onbevreesde performers namen enorme risico's en creëerden een show uit het niets. De energie in het theater was elektrisch geladen en shows waren uitverkocht. Geruchten over deze show verspreidden zich als een lopend vuurtje en algauw staken overal Theatresports™ gezelschappen hun kop uit de grond. De reputatie van Keith en zijn internationale cursussen zorgden voor een verdere verspreiding van deze vorm en kort daarop werd Loose Moose vaste gastheer voor een waaier aan internationale gasten, hongerig om meer van Keith en over Theatresports™ te leren. Veel van deze studenten brachten Theatresports™ naar hun eigen land en de explosie deinde uit.

Als gevolg van de snelle en enthousiaste verspreiding van het format begonnen veranderingen zich te manifesteren.

Keith Johnstone - Impro For Storytellers p. 23

Als Theatresports™ uitgevoerd wordt door mensen die weinig of geen contact met me hebben, bestaat de kans dat je een kopie van een kopie van een kopie ziet - en die bij elke stap "veiliger" en onnozeler is geworden.

Vermits lesgeven vooral een mondelinge traditie is, ontstonden deze veranderingen, soms door verkeerde interpretatie of door een gebrek aan informatie. Gezien het innovatieve karakter van dit werk, is het begrijpelijk dat men keuzes maakte om de dingen te vergemakkelijken. Het resultaat van deze keuzes resulteerde echter vaak in een vermindering van het risico op falen, een sleutelelement in het werk van Keith. Het risico verwijderen uit het werk wijzigt de creatieve visie van het format.

Bijvoorbeeld, enkele vaak voorkomende veranderingen waren:
· scènes vervangen door games als grootste deel van de inhoud
· de focus op de competitie vergroten ten koste van de focus op theaterspel en verhalen brengend
· de toeter verwijderen
· de Rechters een deel van het vermaak te maken door ze op te voeren in onnozele kostuums of er typetjes van te maken

Persoonlijk risico in het aanzicht van falen, verhalend en ondersteunend spel zijn essentiële elementen van Theatresports™ en het Johnstone Impro Systeem

Wie met wijzigingen speelt waardoor de stijl wijzigt van improvisatie die Theatresports™ toelaat, is zich misschien niet bewust van hoe zij het format verzwakken. Dit is begrijpelijk aangezien groepen het in het verleden vaak moeilijk hadden bronnen te vinden die hen de juiste vorm konden aanleren. Sleutelvragen in verband met het Waarom? en Hoe? waren mogelijks niet beschikbaar.

Deze gids beoogt deze vragen te helpen beantwoorden en zorgt voor een beter begrip van de essentiële concepten van Theatresports™. We hopen dat deze informatie groepen en individu's zal inspireren, wat hun ervaring ook moge zijn, om zo opnieuw verbinding te maken met het creatieve oogmerk van de oorspronkelijke benadering.

Improvisatie illegaal? Moeilijk te geloven maar waar!
Theater werd gecensureerd in Groot-Brittannië. Publieke improvisatievoorstellingen waren illegaal omdat er geen script was om te censureren.
Ook vandaag bestaan er nog improvisatiegezelschappen die in hun land moeilijkheden hebben met censuur.

THEATRESPORTS™ ACHTERGROND

Een verhaal uit Australië

Wanneer we in het begin Theatresports™ speelden, waren de improtrainingen nuttig en onderhoudend, maar de voorstellingen niet. Zij slaagden er niet in om het menselijk verlangen om echt te concurreren opzij te zetten en te gaan voor de best mogelijke show als onderdeel van één ensemble. Er was geen concept van rechters die als "afleidingsschild" diende en een deel te zijn van het ondersteunend ensemble. De ceremoniemeester gebruikte ook ongeveer de helft van de tijd van de voorstelling om de teams en scènes in te leiden.

Dan, na de periode van initiële hype, toonden onze toeschouwers minder interesse. Het aantal aanwezigen daalde en we realiseerden ons dat de groep iets moest veranderen. Uiteindelijk kregen we wat deskundige begeleiding en training over hoe we de kloof tussen theorie en praktijk konden overbruggen. We begonnen de relatie met het publiek te begrijpen en kregen inzicht in enkele strategieën die variatie en ontdekking ondersteunen. Nu was er ruimte in de voorstelling voor nieuwe spelers en oudgedienden, ondersteund door een format dat hen allemaal deed stralen... en we slaagden erin twee keer zoveel scènes te spelen in dezelfde tijdspanne!

Onze spelers traden dubbel zo graag als daarvoor op. Het publiek verdubbelde in aantal en bleef elk nieuw speelseizoen terugkomen. Oh, we hebben onze kleine lokale eigenaardigheden, maar nu is er een solide basis.

Nick Byrne - Impro ACT, Canberra

Ik start altijd met een pantomime touwtrekwedstrijd of scène-zonder-'s' wanneer ik training geef in competitieve formats. Speel de competitie uit op het podium, het vermindert werkelijk het conflict tussen de improvisatiespelers.
Jeff Gladstone - Vancouver Theatresports, Canada

Keith Johnstone

Theatresports™ kan grappiger zijn en soms significanter dan de gekopieerde versies. Wat telt, is dingen doen gebeuren, dat wil zeggen verhalen bouwen.

Het opbouwen van verhalen, een goedaardige ingesteldheid en het innemen van een standpunt vereisen bekwaamheid. Het podium opgaan en scènes spelen op basis van suggesties uit het publiek is geen grote verwezenlijking, en is uiteindelijk minder voldoening gevend voor zowel de spelers als het publiek.

Wist je dat?

Met de explosie van Theatresports™ hoorden vele steden van het begrip Theatresports™ nog voor ze iets van improvisatie gehoord hadden. Het resultaat daarvan is dat op een aantal plaatsen in de wereld het begrip Theatresports™ inwisselbaar is geworden met het concept "IMPROVISATIE" zélf. Het is belangrijk aan te stippen dat niet alle improvisatie Theatresports™ is en dat er een wezenlijk verschil is tussen beide concepten. "Improvisatie" is een vaardigheid die gebruikt wordt in het voorstellingsformat "Theatresports™".

Rapid Fire Theatre - Edmonton, Canada
door Marc Julien Objois

Loose Moose Theatre
Calgary, Canada
door Kate Ware

Teatrul National Gargu-Mures, Roemenië door Christina Ganj

WAT THEATRESPORTS™ KAN VERWEZENLIJKEN

Keith Johnstone - Impro For Storytellers p. 24

Theatresports™ kan:
- De universele angst om aangestaard te worden verlichten;
- Verander "saaie" personen in "briljante" personen (dit wil zeggen 'negatieve' personen in 'positieve' personen);
- Interpersoonlijke vaardigheden verbeteren en een levenslange studie van menselijke interactie aanmoedigen;
- het "functioneren" in alle domeinen verbeteren (zoals staat op de potjes tijgerbalsem);
- Verhaalopbouw-vaardigheden ontwikkelen (deze zijn belangrijker dan de meeste mensen zich realiseren);
- Studenten vertrouwd maken met én de fundamenten van theater én zijn finesses;
- De scène terug overgeven aan de performers;
- Het publiek toestaan directe inbreng te geven of zelfs toestaan om te improviseren samen met de spelers, eerder dan te zitten en trachten nuttige dingen de bedenken die ze op weg naar huis kunnen ventileren

BATS
San Francisco - USA
 door Stephanie Pool

Doorheen de jaren zijn Theatresports™ en de improvisatietechnieken die ermee verweven zijn, zeer nuttige instrumenten gebleken voor het trainen van spelers en niet-spelers in de domeinen van sociale interactie, groepsdynamica, creatief denken, spreken voor publiek en leiderschapskwaliteiten. Het ontwikkelt vertrouwen en vaardigheden in schrijven/verhaalopbouw en communicatie. Het versterkt samenwerking en teambuilding. Het leert de noodzaak vergissingen en faling te aanvaarden als een gezond onderdeel van leerprocessen, en vermindert zo de angst die gepaard gaat met het nemen van risico's, waardoor individuen meer vrijheid wordt gegeven in exploratie. Het traint acteurs om hun instinct te gebruiken, gezag in vraag te stellen, sterke keuzes te maken, emotioneel te reageren, en om eerst te handelen en nadien pas te verantwoorden.

Laat je ego thuis
Shawn Kinley
Loose Moose Theatre,
Calgary, Canada

INHOUD

Een veelvoorkomend en begrijpelijk foutieve interpretatie van Theatresports™ is dat de voorstelling hoofdzakelijk gericht is op het brengen van improgames. In werkelijkheid kan een Theatresports™ show weinig of geen games bevatten. Improvisatie wordt vaak aangeleerd door middel van een reeks improvisatiegames die getoond worden in een Theatresports™ voorstelling, daardoor is het begrijpelijk dat men veronderstelt dat de focus van Theatresports™ op games ligt. Theatresports™ staat in feite voor een avond geïmproviseerd theater en verhalenopbouw, waarbij gebruik gemaakt wordt van sportwedstrijd-elementen om een dynamische atmosfeer te creëren voor het publiek. Improvisatiegames worden toegevoegd voor de afwisseling, maar niet bedoeld om het hoofdbestanddeel van de show uit te maken. Voor groepen die werkten met Keith of door zijn werk beïnvloed zijn, is het gebruikelijk om theatrale elementen in te brengen zoals het werken met maskers of poppen op het podium in geïmproviseerde scènes, of elementen te verkennen zoals beweging, clownerie of authentieke emotie, of inhoud te brengen die zich richt op historische, religieuze, maatschappelijke of actuele gebeurtenissen. Theatresports™ creëert een verschillend soort theater.

Impro is schroeiheet en iedereen houdt ervan om iemand met vuur te zien spelen.
Antonio Vulpio
Teatro a Molla, Bologna, Italië

BELANGRIJKE CONCEPTEN

WAT JE MOET WETEN VOOR JE BEGINT

Theatresports™ zal een rijkere beleving zijn als je start met het cultiveren van improvisatievaardigheden en de juiste ingesteldheid die nodig is om het format aan te leren. Spelers moeten leren elkaars ideeën te accepteren en verhalen te creëren. Deze bouwstenen zijn van toepassing in zowel improvisatiespellen als in scènewerk, zij zijn het fundament van het werk. Het is een natuurlijke reflex om veilig te blijven, daarom zijn spelers experts in het zichzelf beschermen door verhalen niet verder uit te bouwen of door andere karakters/improvisatiespelers toe te laten enige controle te hebben. Ook al staat er een denkbeeldige leeuw, wanneer men "Steek je hoofd in zijn muil!" hoort zullen improvisers snel "Jij eerst" antwoorden.

Het verlangen om Theatresports™ onmiddellijk te spelen is groot. We moedigen je echter aan om de rest van deze gids te raadplegen, je te laten bijstaan door een ITI-lesgever en Keith's werk uit eerste hand te lezen. Dit zal helpen om elke component van de voorstelling te begrijpen en hoe specifiek ontworpen keuzes ten dienste staan van de productie en uitvoering van Theatresports™.

DE INSTELLING

Het werk van Keith omvat een specifieke stijl van improvisatietechniek en -uitvoering. Aan de basis daarvan ligt een goed begrip van de ingesteldheid van dit werk.

Aspecten van deze "ingesteldheid" zijn:
· spelplezier
· je medespeler ondersteunen en zijn/haar ideeën naar waarde schatten
· Risico's nemen en moed tonen
· Eerlijkheid en Kwetsbaarheid
· Positief ingesteld zijn
· Faling - leren gracieus te falen op een goedaardige wijze
· Samenwerken in ploegverband/teamwerk
· Wangedrag

Laten we de laatste drie nauwkeuriger onder de loep nemen...

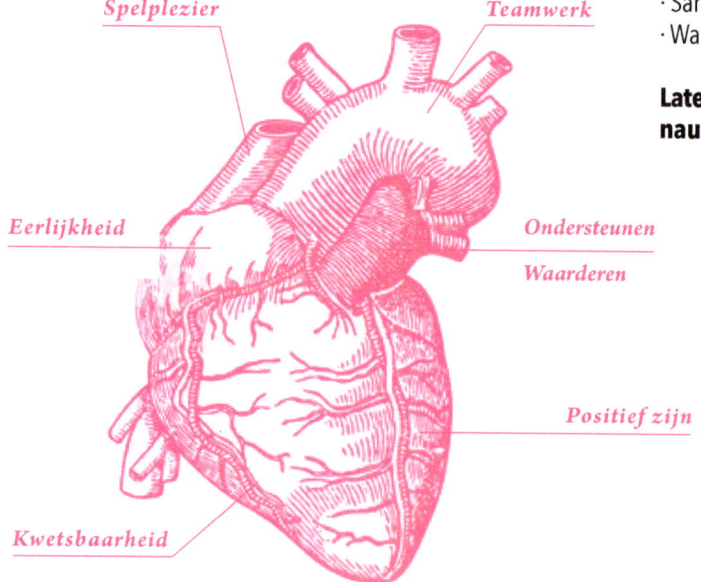

FALEN

In onze maatschappij is falen een concept dat beladen is met veroordeling en stress. Nochtans weten we dat we leren door fouten te maken. Om risico's te nemen moeten we voorbereid zijn op mogelijk falen. Om vrijuit te kunnen spelen, moeten improvisatiespelers mislukkingen omarmen en risico's onder ogen zien. Het resultaat hiervan geeft ons de kans het publiek een heel bijzonder wezen te tonen: de onbevreesde en de goedaardig ingestelde improvisator die zich een weg kan banen door met krokodillen en hellevuur gevulde kuilen om er aan de andere kant uit te komen met van plezier sprankelende ogen, niet aangeslagen door wat de gemiddelde persoon ten grave gebracht zou brengen.

Keith Johnstone - Theatresports™ en Lifegame Nieuwsbrief - Uitgave Nummer 1, 1989

Van bij het begin van zijn opleiding, moet een leerling geleerd worden niet te fronsen, de spieren niet op te spannen, niet te zweten en te zuchten en te lijden wanneer hij faalt. Geen enkele toeschouwer betaalt inkomgeld om dat aan te zien, dat kan hij bij hem thuis wel vinden.

Falen zou moeten verwelkomd worden als een essentieel onderdeel van eender welk spel, en als een mogelijkheid om je vrijgevigheid en goedaardige ingesteldheid te tonen. Faal en blijf goed gezind, en het publiek zal je lieflijk en charmant vinden: ze zullen je willen knuffelen of je drankjes trakteren. Kijk boos, zie er kwaad uit en vol van woede, en je bent verfoeilijk, rot verwend, egocentrisch en onsportief. Ik heb Wimbledon kampioenen gezien die ik zou haten om dezelfde kamer mee te delen. Misplaatste humor en slechte wil zijn van geen tel in de tennissport, maar in het theater is dat soort gedrag rampzalig. Daar is het immers niet belangrijk wie wint, wel dat toeschouwers een fijne tijd doorbrengen, zich kunnen ontspannen en er plezier aan beleven en dat ze de spelers zouden koesteren en bewonderen.

Keith Johnstone - Theatresports™ en Lifegame Nieuwsbrief - Uitgave Nummer 1, 1989

Vroeger dacht ik dat ik absoluut moest vermijden dat leerlingen ooit een faling zouden moeten ervaren - en ik dacht dat ik dat kon doen door steeds het exacte materiaal te selecteren en dat in kleine, gradueel opgebouwde stapjes aan te brengen. Tegenwoordig denk ik dat het beter is manieren aan te leren hoe ze met de pijn van faling kunnen omgaan. Ik zeg de studenten de blaam aan mij te geven, te lachen, om nooit een vastberadenheid te tonen dat ze nog harder hun best doen.

Toeschouwers houden ervan mislukkingen te zien, maar ze zien niet graag dat de speler hiervoor zichzelf pijnigt.

De reden waarom zo weinig mensen de waarde van mislukken begrijpen, is dat het zo vaak verweven is met verschrikkelijke zelfkastijding, wat dan weer niets te maken heeft met aanleren (opgespannen spieren maken aanleren wellicht moeilijker) en wat zuiver defensief is.

Theater Anundpfirsich, Zurich, Switzerland
door Mike Hamm

Wat ik geleerd heb van Theatresports™ is me comfortabel te voelen in het falen. Vooral omdat de kans om te falen zo groot is. Het schenkt je moed.
Collin Mocherie

BELANGRIJKE CONCEPTEN

→ TEAMWERK

Theatresports™ IS teamwerk. Interessant genoeg, wordt het dikwijls aanzien als een competitie van één team tegen een ander. In werkelijkheid omvat het team ALLE improvisatiespelers, techniekers, vrijwilligers en het publiek. De strijd die geleverd wordt is er een tegen saaiheid, zekerheid en middelmatigheid. De overwinning wordt beloond met plezier, enthousiasme en sterke, positieve herinneringen. Improvisatietechniek wordt gebouwd op samenwerkend ploegenwerk. We accepteren en ondersteunen elkaars ideeën en kunnen zo creatieve risico's nemen. Het houdt geen steek dat in een vorm gebaseerd op het elkaar ondersteunen, dat we die ondersteuning zouden laten vallen in de eigenlijke opvoering. Als een team weigert de scène van een ander team te ondersteunen, zouden ze daarmee één uitdaging kunnen winnen. Maar ze zullen eindigen met contraproductieve signalen uit te zenden over het improvisatiespel. Het gaat niet om je individuele eer en glorie, maar om het doel van met mekaar samen te werken opdat de toeschouwers een goede voorstelling zien. Wanneer het ene team opvoert om het andere team bij te staan in functie van de voorstelling, dan wordt het publiek verblijd met een ervaring van goedaardigheid en gulheid. En als het publiek week na week terugkeert, worden de spelers beloond met het succes van hun gezelschap. Als het publiek week na week terugkeert omwille van de kwaliteitsvolle voorstellingen, dan worden de spelers verblijd met het succes van de improgroep.

Picnic Improvisación Teatral
Bogota, Colombië
📷 *door Romina Cruz*

→ WANGEDRAG

Geheel in de lijn van de zielsingesteldheid van het werk, heeft Keith steeds een uitgebalanceerde hoeveelheid van wangedrag/ondeugend gedrag aangemoedigd in het Theatresports™ format. Hij wilde dat de toeschouwers de spelers aanzagen als "blije, goedaardige wezens, losgelaten uit hun kooien één keer per week, soms een beetje moeilijk in toom te houden". Spel en ondeugend gedrag dragen bij tot de ervaring zolang het ondeugend gedrag voortkomt uit een goedaardige ingesteldheid.

Bij gemeen geïnspireerde handelingen zoals het neerhalen van of het ernstig argumenteren tegen de score van een scène heeft niemand baat, behalve diegene met een groot ego. Ondeugend gedrag mag de show niet verstoren. Het dient een meerwaarde te geven aan de ervaring:
Een speler "stelt een scène uit" door te slijmen bij de rechters of door een foto van hen te nemen.
De improvisatiespelers staan er (onophoudelijk) op dat hun teamgenoten (en niet zijzelf) de eer zouden moeten krijgen om de volgende scène te spelen.
Eén van de teams blijft extra scènes opstarten aan de zijkant van het podium, in een poging hun eigen muiterij-show te creëren voor enkele speciale toeschouwers.

Keith Johnstone - Impro For Storytellers p. 20

Als wangedrag begrepen wordt, wordt iedereen stoutmoediger. Het werkt het best wanneer het gebruikt wordt om dode tijdsperiodes op te vullen. Vermijd het en er zal steeds iets van slaafsheid in je werk doorschijnen.

VAARDIGHEDEN

Het is niet ongewoon dat een improgroep een te sterk vereenvoudigde uitleg wordt aangeleerd van de improvisatietechnieken. Bijvoorbeeld 'zeg altijd ja, zeg nooit nee.' Het aanvaarden van een aanbod IS een sleutelelement, echter is dit niet het louter "ja" zeggen. We trainen op accepteren om ondersteuning aan te moedigen zodat spelers creatieve risico's kunnen nemen zonder vrees voor beoordeling. Eens deze ingesteldheid eigen is geworden dan moeten we kijken naar hóe we deze ideeën kunnen vorm geven in verhalen naar het publiek toe. Vaardigheden zoals aanwezig zijn in het moment, het onbevreesd risico's nemen, het omarmen van falen, de controle loslaten, de volledige aanvaarding en ondersteuning van anderen, zijn vaardigheden die in het dagelijks leven worden onderdrukt en die dus tijd vragen om op te bouwen en te onderhouden.

Hieronder worden enkele fundamentele improvisatieprincipes weergegeven, gevolgd door gerelateerde games/oefeningen uit IMPRO FOR STORYTELLERS.

Spontaneïteit / Het Huidige Moment
Onze angst om beoordeeld te worden en ons verlangen om leuk gevonden te worden, zorgen ervoor dat we steeds weer blijven zoeken in ons hoofd naar de volgende stap om te nemen. Als improvisatiespelers moeten we erop trainen om in het huidig moment te zijn; anders zien of horen we niet wat er aan het gebeuren is, kunnen we niet correct reageren en zijn we niet in staat echt samen te werken met onze medespelers.
- Wijde Ogen – pagina's 205/206
- Emotionele Geluiden – pagina's 268-270
- Emotionele Doelen – pagina's 184/185
- Hoeden Game – pagina's 19, 156-161
- Mantras – pagina's 270-274
- Sandwiches – pagina's 236/237

Controle loslaten
Ook gerelateerd aan angst, proberen we controle te houden over ons lichaam en ons denken, en stellen dan vast dat we waarheidsgetrouwe gevoelens en lichamelijke ontspanning verloren zijn. Oefeningen die ontworpen zijn om de verantwoordelijkheid van de spelers op verschillende manieren weg te nemen, kunnen bevrijdend werken.
- Touw Trekken – pagina's 57/58
- Woord per Keer – pagina's 114-115, 131-134, 329
- Één Stem – pagina's 171-177
- Zei Hij/Zei Zij (Regieaanwijzingen) – pagina's 195-199
- Dubben (Synchro) – pagina's 171-178
- Bewegende Lichamen – pagina's 200-202

Doe je best niet, want dat veroorzaakt ogenblikkelijk podiumangst. Wanneer je improvisatiespelers (of bergbeklimmers) hun best ziet doen, dan is dat omdat ze in de problemen zijn geraakt.

Keith Johnstone

Fysiek zijn
Teveel praten en het weg verklaren van onze gevoelens en verlangens is een primair verdedigingsmechanisme van een improvisator. Een alternatief is om fysiek te spelen zodat onze lichamen de verhalen overbrengen in de plaats van ons intellect.
- Gebaar verantwoorden – pagina's 193-195
- Jabbertaal – pagina's 185/186, 214-219
- Het lichaamsbeeld wijzigen – pagina's 276-277
- Mensen als voorwerpen – pagina's 303-304
- Zitten/Staan/Liggen – pagina's 366/367

Status
Status is een directe lijn naar relatieverhoudingen. We spelen een status op elk moment en door onze worsteling ermee in de verf te zetten, kunnen dramatische en fascinerende menselijke interacties ontsluierd worden.
- Verschillende status oefeningen – pagina's 219-231
- Meester/Dienaar – pagina's 240/241
- Gekke Bekken Trekken – pagina's 162-168
- Pikorde – pagina 168

Verhaal
Een groot vermogen in de bekwaamheden van het verhalen opbouwen voorziet de improvisatiespelers van de instrumenten die nodig zijn om een avond te vullen met interessant geïmproviseerd theater en niet volledig te

Als je wil dollen met het andere team, doe alsof je onderhuids een lach onderdrukt.
**Nils Petter Morland
Det Andre Teatret,
Oslo, Noorwegen**

BELANGRIJKE CONCEPTEN

moeten vertrouwen op games, snelle moppen en grappen. Alles in de ogen van een toeschouwer is een verhaalelement. Dit moeten we begrijpen en leren hoe we deze verhaalelementen moeten voeden en verder opbouwen.

· Verschillende verhaal games - pagina's 130-154
· Wat Nu – pagina's 134-142
· Typen Game – pagina's 151-154
· Woord per Keer – pagina's 114-115, 131-134, 329

Terwijl je aan het improviseren bent, is het een natuurlijke valkuil om het gevaarlijke of het onbekende dat zich aandient, te vermijden door middel van het vernietigen van het verhaal. Regisseurs en trainers moeten zich bewust zijn van hóe we vermijden dat verhalen zich verder ontwikkelen, en spelers aanmoedigen om onbevreesd verder in het verhaal te gaan.

Een verhaal uit Canada

Op het einde van de voorstelling speelde Roman Danylo in een STERF-scène die zou bepalen welk team de avondwedstrijd zou winnen. Nadat hij er niet in slaagde om zijn deel van het verhaal te vervolgen, bracht Roman een solo sterfscène waarin hij werd aangereden door een auto. Zijn tegenstaander rende daarop op podium om hem met spoedchirurgie op te lappen, zijn kleren af te stoffen en weer op pad te sturen. Het publiek bulderde en de volgende 5 minuten werden gevuld met Roman die steeds weer zijn leven beëindigde, terwijl andere spelers van beide teams zijn leven weer redden. Niemand heeft de winnaar van die avond onthouden, enkel de wervelende 2e finaleplaats in de show.

Shawn Kinley, Calgary

> De voorstelling moet de hele variatie van het leven weergeven.
> **Nadine Antler**
> **Steife Brise, Hamburg, Duitsland**

TERMINOLOGIE

Door de jaren heen heeft Keith een terminologie ontwikkeld om de schade te duiden die aan verhalen worden toegebracht en de weerstand tegen het aanleren. Hier is een uittreksel uit een van de nieuwsbrieven van Keith waarin hij de termen met een voorbeeld uitlegt van wat zij toebrengen aan een verhaal gebruik makend van het sprookje van Roodkapje.

Keith Johnstone - Theatresports™ en Lifegame Nieuwsbrief - Uitgave Nummer 1, 1989

Annuleren:
Roodkapje is klaar om de deur uit te gaan wanneer oma belt en zegt: "Kom niet."

Zijwegen inslaan:
Ze vertrok met een mand vol koekjes en stopte om stenen in de rivier te gooien. Weldra kwam er een vlot voorbij en zij sprong er op.... Enzovoort. (alles behalve de wolf ontmoeten)

Origineel zijn:
(originaliteit aangewend als een manier om een zijweg in te slaan) - Roodkapje zag iets grijs door de bomen bewegen, op dat moment kwam ze in een tijdsprong terecht die haar terugbracht naar de 16de eeuw....

Afwimpelen
Dit is doorgaans een weigering om iets te definiëren, met andere woorden Roodkapje ontmoette een enorm, harig, grijs, vriendelijk,.. dier.. in het woud. (Ik zweer dat improvisatiespelers op deze wijze te werk gaan, de fundamenten van het verhaal onderuit halend door te weigeren om de dingen waarmee zij interageren te identificeren).

Conflict:
(wanneer gebruikt om actie te bevriezen) 'Wat heb je grote tanden, oma!" "Wat is er mis met mijn tanden?"
"Wel, ze zijn groot."
"Laat me in de spiegel kijken. Er is niets mis met mijn tanden." "Ze zijn lelijk."
"Onzin."
enzovoort.

Ogenblikkelijk probleem (Instant conflict):
Roodkapje stapte uit de voordeur en de wolf slokte haar op.

Spelletjes (overeengekomen activiteiten):
Roodkapje gaat naar het huisje en zij en oma spelen de hele namiddag tafeltennis.

Omzeilen:
"Nu ja, weet je, Oma was niet zo goed, en toch leeft ze op haar eentje. Ik heb haar gezegd dat dat dwaas is maar ze wil niet luisteren. Ze lijdt aan artritis, en het is moeilijk voor haar om voor zichzelf te zorgen..."
Enzovoort. Moeder komt wellicht nooit tot het punt dat ze Roodkapje inderdaad het mandje overhandigt.

Roddel:
"Herinner je je nog dat ik je met die mand vol koekjes naar Oma stuurde?"
"Oh ja, ik ontmoette de wolf!"
"Ja, dat was vóór we zijn kop aan de schouwsteenmantel hingen."
"Ik vertelde hem wat voor grote tanden hij had."
"Ja zeg, en hij slokte je op. De waterkoker is aan het fluiten. Ik ga wat Ovaltine maken."
"En het was een verschrikkelijke schok om Oma binnen in hem tegen te komen..."

Blokkeren:
"Ga je langs bij jouw Oma, kleine meid?" "Ik heb geen Oma!"

Negativiteit
"Des te beter dat ik je opslok!'
"Oh goed, als je moet. God! Wat zijn wolven zo saai." (Dit antwoord is ook een grap)

Grappen:
(zie hoger) Roodkapje heeft een zwarte gordel in Oosterse gevechtstechniek en slingert de wolf naar alle kanten van de kamer. M.a.w. ze houdt zichzelf uit de problemen.

Zoals je je waarschijnlijk realiseert, kunnen al deze technieken (met misschien als uitzondering het grappen) evengoed gebruikt worden om een verhaal verder op te bouwen in plaats van het te verprutsen. Het wordt doorgaans snel duidelijk wanneer een improvisator tegen de opbouw van een verhaal werkt, en, met enige oefening, hem of haar makkelijk bij te sturen.

Again! Productions - Parijs, Frankrijk
door Romain Sablou

Of je nu wint of verliest, het publiek is je uiteindelijke focus.
Een dramatische maar goedaardig ingestelde nederlaag bezorgt de toeschouwers een betere tijdsbeleving dan boze en gekwetste ego's. Als de toeschouwers winnen, kan je nooit verliezen.
**Shawn Kinley
Loose Moose Theatre
Calgary, Canada**

Teatrul National Gargu Mures, Roemenië door Christina Ganj

LATEN WE BEGINNEN

THEATRESPORTS™ OP SLUIPENDERWIJS

Keith Johnstone – Impro For Storytellers p. 6/7

Laten we ons veronderstellen dat studenten in een Impro scène aan het rondkletsen zijn en zij geen aandacht besteden aan mekaar (omdat indien zij zouden luisteren naar wat gezegd wordt, zij misschien gedwongen zouden worden om te veranderen).

Je zou ze kunnen afremmen door te zeggen dat de eerste student die een woord gebruikt waarin een 's' voorkomt het game verliest; bijvoorbeeld: - 'Goede morgen, Papa.' - 'Je bent erg laat thuisgekomen gisteren avond, Joan!' Papa verliest (omdat het woord 'gisteren' een 's' bevat). Natuurlijk, indien hij aandachtig zou geweest zijn, dan zou hij iets hebben kunnen zeggen als: 'Je bent erg laat …. euh … lang nà middernacht thuisgekomen, Joan!'

Studenten houden meer van dit game als je hen opdeelt in twee teams en de winnaar van elke "ronde" vijf punten toekent. Zij zijn nu een versie van Theatresports™ aan het spelen.

Voeg meer games toe. Zeg dat de eerste speler die een idee naar de knoppen helpt verliest, bijvoorbeeld: - 'Jij lijkt buiten adem. Ben je aan het lopen geweest?' - 'Het is mijn astma …'
Deze astma aanval verliest omdat het de idee over lopen afwijst.

Of voeg een game toe in dewelke je verliest als je ook maar iets zegt dat geen vraag is. - 'Wil je me ondervragen?' - 'Je bent een verdachte, toch?' - 'Zal ik hier neerzitten?' - 'Dat is mijn stoel.' De verdachte wint..

DE SNELLE START

Hoe introduceer je Theatresports™ wanneer je een klas voor de eerste keer onder handen neemt

1. Vermeld niet de naam Theatresports™.
2. Leer een competitief game aan - het Hoeden Game zou perfect zijn
3. Stel voor dat zij het in twee teams spelen - drie of vier mensen in elk team
4. Als het derde stadium leuk was, voeg dan een Rechter toe.
5. Voeg een Commentator toe.
6. Zeg hen dat ze een eenvoudiger vorm van Theatresports™ aan het spelen zijn.
7. Vraag twee team captains om elk drie of vier spelers uit te kiezen. Duidt een scorehouder aan, en drie Rechters. (UITEINDELIJK)
8. Vraag deze teams om een uitdaging te poneren over wat hen ook te binnen schiet (wat de goedkeuring van de Rechters wegdraagt); bijvoorbeeld, tot de beste Meester-Dienaar scène of tot een 'Indiaanse been-worstelpartij', of tot de meest afschrikwekkende scène - of wat dan ook.
9. Moedig de toeschouwers aan om hun teams te ondersteunen zodat er een ontzettend enthousiasme zal naar boven komen.
10. Geef elke Rechter een set van scorekaarten genummerd van één tot vijf, en een fietstoeter waarmee zij kunnen toeteren om saaie scènes te beëindigen.
11. Later kan je de Commentator een microfoon geven en kan je 'techniekers' (geluids-en-licht improvisatiespelers) aanduiden en 'snoggers' (scenografen).

Wanneer je de ideeën beetje bij beetje introduceert dan zullen de studenten het aanvoelen alsof zij de games zélf hebben bedacht. In goede omstandigheden, zal competitie een verlangen opwekken om de techniek te verbeteren, en de opleider wordt dan een bron voor de studenten die gretig zijn om de vaardigheden onder de knie te krijgen - een voortreffelijke opleidingssituatie.

Impro Now, Adelaide - Australië
door Tracey Davis

WAT JE NODIG HEBT VOOR EEN BASIS THEATRESPORTS™

Improvisatiespelers
Drie Rechters
· Een munt
· Een toeter - zie pagina 36 van deze handleiding voor uitleg
· en mand die groot genoeg is om over iemands hoofd te plaatsen - zie pagina 39 van deze handleiding voor uitleg
· Een set van scorekaarten. Kaarten moeten groot genoeg zijn opdat de mensen op de achterste rij ze kunnen lezen en worden genummerd van 1-2-3-4 tot 5 aan beide zijden van de kaart.
Een Commentator
Moderator/Ombudspersoon
· Een microfoon indien vereist
Een Scorehouder
· Scorebord

· Pen of krijt of nummers die kunnen opgeplakt worden en afgetrokken
Een ruimte om in op te treden
· Podium, bij voorkeur met een ruimte naast het podium en ingangen, uitgangen
· Plaats voor teams en Rechters
· Meubels, kostuums, rekwisieten voor spelers en Snoggers – zie pagina 44 van deze handleiding voor uitleg
Licht ingenieur
· Lichten die kunnen gedimd worden, indien mogelijk
Geluidstechnicus/muzikant
· Audio apparatuur/computer en/of instrumenten

Start de show op gezellige wijze. Connectie is beter dan blinde opwinding.
Shawn Kinley
Loose Moose Theatre,
Calgary, Canada

Keith Johnstone

Het begin zou niet al te goed mogen zijn. Maak enkele fouten.

EEN THEATRESPORTS™ VOORSTELLING

Keith beschrijft een typische game (circa 1980).

Keith Johnstone - Impro For Storytellers p. 2/3

Theatresports™ in Loose Moose

Het is twee minuten na acht op een zondagavond en de geur van popcorn maakt je duidelijk dat je in de nabijheid bent van iets volks. De openingsmuziek begint te spelen, en de toeschouwers beginnen te gillen wanneer de volg-lichtspot over hen glijdt. De spot houdt halt bij de Commentator, die zich opgesteld heeft voor een scorebord helemaal rechts bovenaan het halfrond van het publiek.

Hij/zij verwelkomt de toeschouwers en breekt het ijs, misschien aan hen vragend: 'Vertel aan een vreemde welke groente je het meeste haat!' of Vertel iemand een geheim dat je nog nooit aan iemand hebt verteld!' of 'Omhels de vreemde die het dichtst bij jou zit.' (Ik sta er versteld van dat onze toeschouwers akkoord gaan om mekaar te omhelzen.) .... De Commentator verandert nu in een op zich werkende stem die eender welke moeilijkheid verlicht, (en) de fijnere details uitlegt. Die stem kan kort commentaar leveren zonder te opdringerig te zijn, daar waar ceremoniemeesters in paragrafen moeten spreken om hun tussenkomsten de moeite waard te laten lijken. 'Kunnen we het traditionele boegeroep aan de Rechters hebben!' zegt de Commentator. Dit is een manier om het publiek toestemming te geven om later hun boegeroep in te zetten (wanneer ze zich daartoe genoodzaakt voelen).

Drie aangeklede Rechters kruisen het podium en nemen plaats in de slotgracht die onze acteerruimte omringt. Fietstoeters hangen rond hun nek (dit zijn de 'redding toeters' die worden ingezet om saaie spelers van het podium te toeteren). Hun houding is statig, want het is minder leuk om lichtvoetige mensen op boegeroep te onthalen.
Op een typische nacht kan een Commentator introduceren: 'een tien-minuten durende uitdaging's match die gespeeld wordt door twee van onze nieuwelingenteams. Geef de Aardvarks een groot applaus....'
Drie of vier improvisatiespelers duiken op van de tegenovergestelde zijde van de kant van hun team. Dit staat ons toe om een zicht op hen te hebben wanneer ze het podium oversteken. 'En nu, een applausronde voor de Bad Billys!' De teams moeten opkomen als een groep, niet als afzonderlijke individuen, m.a.w. geen 'sterren' (te veel showbizz allures).

HET 10 MINUTEN GAME

The Court Theatre - Christchurch, Nieuw Zeeland
door Rachel Sears

Het 10 Minuten Game is een korte uitdagingsmatch met nieuwe improvisatiespelers. Het is belangrijk dat de Commentator vermeldt dat de spelers in het 10 Minuten Game nieuwe spelers zijn. Dit neemt de stress van hen weg omdat het publiek zijn verwachtingen zal bijstellen.

Voordelen van het 10 Minuten Game:
Het geeft nieuwe spelers een korte, veilige en gecontroleerde ervaring op het podium. Ervaring is de beste instructeur die zich elke performer zou kunnen wensen.
Het verlaagt de verwachtingen van het publiek omdat, typisch, het werk van de nieuwste performers niet zo sterk zal zijn als van de improvisatiespelers die al gedurende 20 jaar of meer optreden.
Het toont het publiek dat improvisatie niet zo makkelijk is als dat het lijkt.
Het helpt als je ervoor zorgt dat de kwaliteit van het scènewerk zal verbeteren naarmate de show vordert.

Het game kan worden gespeeld zowel als een Rechters Uitdagings' Match waar de Rechters de uitdagingen poneren, welke zeer nuttig kan zijn voor een uitermate nieuwe speler, of als een Uitdagings' Match zoals verderop beschreven.

Keith Johnstone - Impro For Storytellers p. 3-5

> *Gedraag je als een atleet, denk als een improvisatiespeler.*
> **Nils Petter Morland**
> **Det Andre Teatret,**
> **Oslo, Noorwegen**

Een Rechter en twee team kapiteins naar het centrum van het podium,' zegt de Commentator.
Kop of munt wordt opgeworpen, en misschien zal de winnaar wat welwillendheid tonen door te zeggen: 'Jullie poneren de eerste uitdaging.' Een speler waagt zich in 'vijandelijk gebied', en zegt: 'Wij, de Aardvarks, dagen jullie uit, de Bad Billys, tot de beste scène van een recente film!' (of wat dan ook). 'Wij accepteren!' zeggen de tegenstrevers.

Elk team improviseert zijn 'film' scène (de uitdagers beginnen eerst), en de Rechters kennen punten toe door kaarten naar boven te steken die variëren van één tot vijf: vijf betekent excellent, één betekent slecht, en een getoeter van een redding toeter betekent 'vriendelijk verzoek het podium te verlaten'. Uitdaging volgt op uitdaging totdat een afgesproken tijdsduur is bereikt.
Soms zijn er 'één-tegen-één' uitdagingen, in dewelke spelers van tegengestelde teams samen performen - misschien in een 'één-tegen-één liefdesscène die wordt beoordeeld op oprechtheid en waarheid' (bij één-tegen-één scènes kunnen meerdere spelers van elk team ingezet worden). De uitdagingen kunnen van alles zijn (onder goedkeuring van de Rechters) - bijvoorbeeld, Bruce McCulloch's uitdaging tot 'de beste scène die kan afgewerkt worden in de tijdsduur waarin ik mijn hoofd onder water kan houden in een gevulde emmer'.

Teams voegen variatie toe door tot scènes uit de dagen in mimespel, of in jabbertaal gesproken, of in verzen gesproken, of gezongen, en zo verder, terwijl de Geluid Imps (Geluid Improvisatiespelers) donder opwekken, of explosies, of blue-grass muziek laten horen, of 'The Ride of the Valkyries' of punk rock, of 'de Dans van de Sugar Plum Fairy', of 'vampierenmuziek', of liefdesthema's, of doorspoelende toiletten, of wat dan ook dat past bij de scène.

Dit beginners' game wordt gewoonlijk gevolgd door een vijftien minuten durende Vrije-Impro in dewelke een 'trainer' een cursus geeft (precies zoals ik dat deed met de Theatre Machine in de zestiger jaren).

DE VRIJE IMPROVISATIE

Keith Johnstone

... een korte cursus in het trainen van improvisatiespelers - meer specifiek diegenen die niet kundig genoeg waren om in een team opgenomen te worden, en om het publiek te behagen door het inzage te geven in de geheimen - de technieken - van het game - en dat kan soms het grappigste deel van de avond worden. (Toelichtingen zijn minimaal - op geen enkele wijze wordt het een voordracht. Als de spelers het begrijpen, dan zal ook het publiek dat doen - tenminste dat zullen zij doen wanneer zij de instructies zien toegepast worden.)

De leider van de Vrije Impro sessie is een combinatie van leraar in een workshop en een dierentuinmedewerker. De performers zijn blije apen die erop uit zijn om het podium op te gaan. (Soms is er een beetje inspanning vereist om hen onder controle te houden.) Onthoud, wanneer de persoon die de Vrije Impro leidt vraagt, "kan ik twee spelers op het podium krijgen" dan is het heel wat leuker om vijf mensen het podium op te zien rennen en er drie terug te sturen, dan daar te staan en te moeten smeken opdat bevreesde improvisatiespelers zouden opkomen. De houding die je aanneemt, zal een weerslag hebben op hoe het publiek zich voelt. 'Bang en nerveus' of 'speels en gelukzalig'?

Een Vrije Impro kan omvatten:
- Voorbeelden van Afblokken en Aanvaarden - en hoe enthousiasme het werk beïnvloedt.
- De oefening in houding die toont hoe interessant het is voor improvisatiespelers om sterke attitudes aan te nemen tegenover de andere karakters. (zie Impro For Storytellers pagina 233)
- Status oefeningen
- werken met Maskers
- Voorbeelden van trainingsoefeningen die niet veel in een match worden gespeeld zoals: Handen op knieën, gekke bekken trekken, Groeps-"Ja!", met één stem spreken, enz.

De Vrije Impro kan helpen om het zelfvertrouwen van jonge improvisatiespelers te verbeteren. Het is niet bedoeld om het elke avond in te zetten alsof het een gescript deel van de voorstelling zou zijn. Gebruik het als een instrument ten voordele van de behoeften van de voorstelling en om het publiek en de performers te vormen. Je zal best versteld staan van hoe verbonden jouw publiek wordt wanneer ze " toegelaten" worden tot de geheimen.

Beijing Horse Horse Tiger Tiger Culture Communication Inc. - China
door Zeng Cheng

Keith Johnstone

Sta toe dat je publiek oprecht is.

HET DEENSE GAME

Keith stelt voor dat groepen hun trainingen beginnen met het Deense Game omdat dat makkelijk op te zetten is en te beheersen.

Keith Johnstone - Impro For Storytellers p. 4/5

De Vrije Impro wordt gewoonlijk gevolgd door een Deens Game (zo genoemd omdat ik het heb uitgewerkt in Denemarken in de periode dat we de internationale aantrekkingskracht van Theatresports™ wilden benadrukken).

De Rechters gaan weg, en een "Ombudspersoon" legt de strafmand uit (indien het al niet is gebruikt geweest), en zegt aan de toe- schouwers dat na elk paar van uitdagingen zij zullen gevraagd worden om de naam van het team te schreeuwen dat "de beste scène vertoonde". Hij/zij drilt het publiek in het zo luid mogelijk schreeuwen.

Sommige preutse Theatresports™ groepen vragen het publiek om gekleurde kaarten op te steken om hun team van voorkeur aan te duiden, maar dat is zonder lef in vergelijking met het brullen van de naam van een team zo luid als je kan.

* LATEN WE BEGINNEN

  Na elk paar van uitdagingen, herinnert de 'Ombudsman' de toeschouwers aan de scènes die zij juist hebben gezien (want lachpartijen interfereert met de overdracht van het korte-termijn geheugen). 'Verkiezen jullie de liefdesscène waarin de Beul het op een lopen zet met de Gevangene? Of de liefdesscène waarin de bejaarde Conciërge een tranend vaarwel zegde aan zijn bruid? We tellen af tot drie - Eén! Twéé! Drie!'

De winnaars verdienen vijf punten, en een nieuwe uitdaging wordt geponeerd. Soms dient er een her-geroep te zijn, en mogelijks dat de namen van de teams afzonderlijk moeten uitgeschreeuwd worden, maar zelfs als we een 'geluidsmeter' of wat dan ook zouden hebben, die zouden we nooit inzetten. Massaal schreeuwen is goed voor de ziel.

Keith Johnstone

Neem het risico, de competitie en het falen weg en je neemt de 'sport' uit Theatresports™.

De namen van elk team zouden hetzelfde aantal lettergrepen moeten bevatten, zoniet zal, wanneer het publiek roept, de langere naam in het voordeel zijn.
Juichen en fluiten worden ontmoedigd vanwege de moeilijkheid om ieders keuze te horen.

De Moderator (Ombudspersoon) van het Deense Game is niet dezelfde persoon als de Commentator van de hele show. De Moderator speelt de afzonderlijke rol van het uitleggen van het Deense Game en van het opnemen van de stemmen. Zij honken ook scènes af en geven manden bestraffingen. De Commentator blijft op zijn plaats bij het scorebord en vervult verder zijn taak van de scores aan te kondigen en van het verduidelijken van de spelelementen met behulp van een microfoon, alsook het introduceren en bedanken van de teams en de Moderator.

DE GEWONE UITDAGING'S MATCH

Loose Moose Theatre - Calgary, Canada
door Deborah Iozzi

De Reguliere Uitdaging's Match bestaat erin dat één team een uitdaging poneert en dat beide teams een scène spelen, gebaseerd op die uitdaging.
Team één daagt team twéé uit.
Het team dat uitdaagt, treedt altijd als eerste op.
Team één voert de uitdaging uit.
Het andere team zit naast het podium maar nog in het zicht en overweegt een antwoord (zonder diegenen op het podium af te leiden) dat een toevoeging zal betekenen voor de variatie van de show.
Team één wordt een score toegekend.
Team twéé voert de uitdaging uit en wordt een score toegekend.

Team twéé daagt dan team één uit. Opnieuw, het team dat de uitdaging poneert, start met de uitvoering ervan. Het spel duurt net zolang als de duurtijd van de match. De Rechters zien erop toe om te eindigen met een goede scène. Dit betekent dat de globale duurtijd van het game flexibel is.
De voorstelling eindigt met het aankondigen van de overwinnaar en met de teams die het podium opgaan om mekaar de handen te schudden zoals in een traditioneel ploegsport event, al wuivend naar het publiek en de commentator die iedereen een goede avond wenst en een veilige terugreis naar huis.

Keith Johnstone - Impro For Storytellers p. 5/6

Ons publiek is het theater uit op zijn allerlaatste rond 22 uur, en wanneer de voorstelling goed is gegaan, dan voel je dat je een groep goedaardig ingestelde mensen hebt aanschouwd die wonderbaarlijk samenwerken, en die niet bang waren om te falen. Het is therapeutisch om in zo'n gezelschap te vertoeven, en om te schreeuwen en te juichen, en om met hen misschien zelfs op het podium te gaan.
Met wat geluk voel je alsof je op een wonderlijk feestje bent geweest; geweldige feestjes hangen niet af van de hoeveelheid alcohol maar van positieve interacties.

VARIATIE

Variatie is heel belangrijk in een Theatresports™ voorstelling. Zoals een circus een jongleur afwisselt met een doodsbedreigende act of zoals Shakespeare komische karakters toevoegt aan zijn donkerste tragedies, zo moeten improvisatiespelers zich inspannen om variatie te brengen.

Improvisatiespelers moeten zich bewust zijn van het toevoegen van variatie omdat niet-bewuste spelers ertoe neigen om in patronen te hervallen en een hele avond riskeert op die manier vervuld te worden van dezelfde stijl van inhoud, thema's of tempo.

Zoek naar variatie op de volgende manieren:
- Lengte van de scènes - wanneer één team een lange scène doet, antwoord met een korte scène
- Aantal spelers op de scène - indien één team een solo scène heeft, doe dan jouw scène met meerdere spelers
- Visuele aanzicht - wanneer één team een kaal podium gebruikt, zet dan meubels in jouw scène of gebruik belichting, of begeef je in het publiek
- Inhoud - wanneer één scène een liefdesscène is, doe er dan niet nóg een
- Structuur - wanneer één scène hilarisch is, laat die dan opvolgen met iets rustig, eenvoudig, langzaam, dramatisch of stil
- Streef er niet naar om elke scène grappig te maken, streef ernaar om verhalen te vertellen

Keith Johnstone - Impro For Storytellers p. 9/10

Het Aardvarks-team springt op het podium om hun scène te presenteren.
'Wacht!' Ik zeg: 'Dat is de manier waarop het andere team is opgekomen. Is er geen andere manier om goedaardigheid en speelsheid uit te drukken?'. Ze zijn verbijsterd.
'Wens jouw collega's succes toe. Schud hen de hand. Doe alsof zij boksers zijn en dat jij hun assistenten zijn. Waai met handdoeken naar hen. Mime dat je hen gummi-beschermstukken in de mond steekt. Kondig hen aan als 'De Nog Niet Verslagen Winnaars' in dit specifieke game. Laat hen handtekeningen uitdelen. Je kan geen goedaardigheid, moed, affectie en speelsheid overbrengen door onderdanig te zijn'! 'Maar zullen de Rechters ons dan niet beginnen uit te tellen?'
'Dat hoop ik [alles voor de variatie] maar wanneer ze dat doen, start dan gewoon het game!'
De Rechters tellen af wanneer het Team té langzaam is. Dat zou niet altijd mogen gebeuren.
In Europa telt het gehele publiek de spelers af vóór elke scène. Zij zouden dat moeten doen wanneer de Rechters dat doen. Soms heeft een team meer dan 5 seconden nodig en toch verspillen zij geen tijd.
Zij staan op het punt om hun meester-dienaar scène te starten.
'Een momentje. Er is een tafel en twee stoelen op het podium, maar dat was de vorige scenografie. Wat als je nu eens op een lege scène zou werken? Of waarom niet een boot op het podium sleuren? Waarom niet enkele toeschouwers uit het publiek op het podium uitnodigen en hen vervormde spiegels in een jaarmarkt laten spelen.'
Zij verwijderen de meubels terwijl hun ploegmakkers in de slotgracht zitten en een bedrukte indruk geven.
'Whoa! Wees gretig om jouw collega's te assisteren [zelf als zij lid zijn van het andere team]. Dit is theater, niet de 'werken-dag' wereld waar mensen gemeen geïnspireerd zijn en zich voortslepen met 'tekenen van droefheid'.'
'Het Aardvarks-team begint hun scène. 'Wacht!' 'Wat nu?'
'De andere scène speelde zich af in een kasteel, en nu ook deze scène. Waarom ben je geen twee vuurtorenwachters die een partijtje golf spelen? Of God die gemasseerd wordt door één van zijn engelen? Herhaal nooit wat het andere team deed tenzij zij zó onbekwaam waren dat je kan zeggen: "Wij zullen eens tonen hoe zij die scène hadden moeten spelen!"'

THEATRESPORTS™ IN MEER DETAILS

RAMPSCENARIO IS ONVERMIJDELIJK

Keith Johnstone - Impro For Storytellers p. 12

De eerste keer dat een groep voor een publiek optreedt, kunnen zij zodanig nederig, zodanig kwetsbaar zijn dat het hart van het publiek naar hen uit gaat. De keer daarop, of een tijd nadien, zullen zij op het podium treden zonder een spoor "Ach zo, zij denken dat ze grappig zijn? Laten we eens zien of ze dat nu eens bewijzen!" en de glorie slaat om in as. Jojoën tussen arrogantie en bescheidenheid wanneer je een beginner bent is even onvermijdbaar als omvallen wanneer je leert fietsen.

Optreden voor een publiek is belangrijk. Verberg je a.u.b. niet en probeer ook niet perfect te zijn alvorens je het risico neemt. Groepen die privé trainen totdat zij erg bedreven zijn, zullen nauwelijks ooit durven te avonturen voor een publiek; dat is spijtig omdat je sneller leert al spelende voor "niet-vergevende" vreemdelingen dan voor "vergevende" vrienden.

Keith Johnstone

We hebben hier en nu een slechte scène nodig.

De maatschappij waardeert perfectie, succes en veiligheid.
Theatresports™ waardeert spontaneïteit, falen en risico.
Patti Stiles
Impro Melbourne, Australië

DE START VAN EEN SHOW

Vuurwerk en Fanfare... ?
Sommige groepen geloven dat er een groot spektakel moet zijn in het begin van hun voorstelling om het publiek "opgewonden te laten raken". Zij willen opwinding en energie creëren met een GROOTSE opening.

Deze benadering kan tégen jouw improvisatie werken door:
· stress en angst te veroorzaken bij jouw spelers bij het naar de start "toeleven"
· dat verwachtingen bij het publiek worden gewekt over veel spektakelwaarde die zij niet zullen zien doorheen de rest van de avond in de geïmproviseerde scènes, waardoor een open, kale speelvloer minder lijkt
· dat toeschouwers worden geïntimideerd en daardoor worden weerhouden om deel te nemen als vrijwilligers
· dat je een vorm van creatieve competitie creëert. Soms kunnen toeschouwers de behoefte voelen om de voorstelling "op te vrolijken" met hun suggesties. Dit maakt het haast onmogelijk om eerlijke, eenvoudige en waarheidsgetrouwe suggesties te bekomen.
Wanneer het publiek weggaat met het gevoel dat de voorstelling in het begin beter was dan op het einde van de avond of ontdaan zijn van het valse enthousiasme, dan zal je hen niet meer zien terugkeren week na week.

In de plaats hiervan, start de voorstelling met de Commentator die het publiek welkom heet en een positieve omgeving creëert die de improvisatiespelers ondersteunt wanneer zij het podium opstappen en risico's zullen nemen.

Keith Johnstone

De meeste groepen begrijpen niet hoe competitief zij ingesteld zijn.

DE COMMENTATOR

Dit is bij voorkeur hun titel in plaats van gastheer of ceremoniemeester omdat niemand 'gastheer' is van Theatresports™. Hun taak is om in te leiden, uit te leggen, de efficiëntie van de show te bewaken en inzichten te verschaffen zoals een sportcommentator zou doen. Zij zitten aan de kant langs het scorebord en spreken door een microfoon. Indien mogelijk heeft het scorebord een afzonderlijke aan- en uitschakeling van het licht om bijwerkingen van scores te tonen en waar de commentator, op gezette tijden, kan op instappen. Zij openen en sluiten de show af en zijn de stem die het evenement van begin tot einde begeleidt zoals in het voetbal of in het boksen.

De verantwoordelijkheden van de Commentator zijn:
· charmant en efficiënt zijn
· uitleggen wat er aan het gebeuren is in de show zodat het publiek zich kan ontspannen en genieten
· inleiden van spelers en Rechters
· overgang verzekeren van de éne sectie van de voorstelling naar een andere
· helpen om de teams en de Rechters op schema te houden (wanneer nodig) met wie de volgende uitdaging doet
· aankondigen welke score de Rechters aan elke scène toekennen in het geval het publiek de kaarten niet kan zien
· elementen van de voorstelling uitleggen aan het publiek. Bijvoorbeeld: "De Toeter zal gebruikt worden door de Rechters wanneer een scène saai is en waarmee aan de spelers wordt aangegeven dat ze het podium onmiddellijk moeten verlaten. De vertoning wordt nog wel een score toegekend."

Het is heel belangrijk dat de Commentator niet concurreert met de spelers om lachsalvo's op te wekken bij of de aandacht te trekken van het publiek.

Loose Moose Theatre - Calgary, Canada
door Kate Ware

Keith Johnstone - Impro For Storytellers p. 9

Laat ons veronderstellen dat de scène afgerond is en de Rechters zijn traag in het geven van hun score - wat doet de Commentator?" "Hen zeggen dat ze moeten opschieten?" "Dat is een beetje hoge status. Zeg: "En de scores van de Rechters zijn ..." Indien er niets gebeurt, geef aanwijzingen. Zeg stilletjes: "De Rechters nemen hun tijd voor deze beslissing", of: "Het publiek is ongedurig aan het worden." Geef nooit de indruk bazig of agressief te zijn.

COMPETITIE

Keith Johnstone - Impro For Storytellers p. 23

Sommige mensen (dikwijls fervente sportfanaten) veroordelen Theatresports™ op grond van dat het competitief is, maar terwijl "echt" theater competitie aanmoedigt - en ik kan jullie verhalen vertellen die jullie nauwelijks zullen geloven - kan Theatresports™ jaloerse en zelf-geobsedeerde beginners begeleiden en hen aanleren om games te spelen met goedaardige ingesteldheid, en om te falen op gracieuze wijze.

Het kan voor spelers moeilijk zijn om in de praktijk de punten die gescoord worden te negeren maar het is absoluut noodzakelijk om de competitie te "SPELEN" voor het publiek en te beseffen dat jij en het tegengestelde team samenwerken om goed theater te creëren voor jouw publiek.

Keith Johnstone

De teams bij Loose Moose begonnen proberen te winnen te allen prijze, en zelfs het werk van het andere team naar de vaantjes te helpen. Dit was Sport naar het model van, laat ons zeggen, het Amerikaanse rugby. Theatresports™ werd gemeen en agressief - en het publiek kalfde af naar een niveau van haast nul. Ik loste dat op door elke week verschillende teams in te zetten. De teams wilden nog steeds winnen maar de spelers hielden op om het scorebord te volgen en begonnen plezier te beleven (in plaats van te spelen voor de eer van hun team). En dan kwam het publiek opnieuw terug.

TEAMS

Daag mekaar uit en tracht te winnen voor het plezier, net zoals je een gezelschapsspel zou spelen met vrienden, neem het competitie-element niet serieus. Wat belangrijk is, is dat je mekaar en het publiek een fijne tijd bezorgt, en niet dat je wint.
Patti Stiles - Impro Melbourne, Australië

Er is een verschil tussen Impro en andere vormen van voorstellingen. Eén van de hoofdideeën van Theatresports™ is dat jouw partner altijd klaar staat om je te ondersteunen (op het podium en langs de zijlijnen). Zorg voor elkaar. Laat mekaar een goed figuur slaan. Indien je minder inzit met jezelf, dan voel je minder vrees en wil iedereen met je samenwerken.

Keith Johnstone

Ik was toeschouwer van een wedstrijd waar zelfs het "langs de zijlijn vertoevende"-team voortdurend op het podium was ("het andere team behulpzaam zijnde"), en mij werd verteld dat "het 'democratisch' is wanneer iedereen zich op het podium bevindt". Niet zo in Loose Moose waar een ervaren improvisatiespeler het soms zal opnemen tegen een vierkoppig team.
"Zou jouw publiek niet graag een solo performer vol vertrouwen het podium zien opstormen en dan zien trachten te overleven?"
"Dat zou "shining"! zijn" zeiden ze. ("Shining" betekent pronken.)
"Maar het is opwindend om een menselijk wezen te zien dat in het centrum van de belangstelling staat, en dat geen vrees kent. Solo violisten, of magiërs, of jongleurs zijn geen pronkende artiesten!"
Arrogante spelers voelen aan dat ze gefaald hebben wanneer ze een ondergeschikte rol spelen, of wanneer ze op de bank aan het wachten zijn. Zij springen op het podium om in de glorie te delen of zij nu nodig zijn of niet, en dat terwijl de wereld van het drama is gebaseerd op scènes tussen twee mensen. Het is zeer moeilijk om een goede driekoppige acteursscène te vinden omdat het derde karakter gewoonlijk als een toeschouwer fungeert - en waarom zou improvisatie hiervan verschillen?
Scènes die alle spelers inzetten moeten de uitzondering zijn, niet de regel.

OPKOMST VAN DE TEAMS

Keith Johnstone - Impro For Storytellers p. 7/8

Loose Moose Theatre
Calgary, Canada
door Kate Ware

Ik doceer Theatresports™ in klas, en de Fat Cats en de Aardvarks worden geïntroduceerd door een Commentator, en ze steken het podium over naar hun teambanken.
Ik onderbreek: "Kom niet op gestrompeld als afzonderlijke individuen. Wees oplettend naar mekaar toe. Wees zichtbaar als een groep. Geef geen geïsoleerde indruk."
Ze proberen opnieuw.
"Beter!" Zeg ik. "Maar jullie geven een nerveuze indruk".
Een nieuwe poging.
Nu zien jullie er arrogant uit. We verkozen jullie als in de eerste keer!"
"Wel wat dienen we dan te doen?"
"Blijf inbeelden dat de toeschouwers zelfs aardiger zijn dan jullie hadden verwacht. Ervaar een kleine schok van plezier elke keer dat jullie naar voren kijken. "Demonstreer" dat niet, maar "ervaar" dat gewoon, en vertrouw erop dat jullie positieve gevoelens onzichtbaar zullen worden overgedragen.

Het is mogelijk dat ik hen vraag om zich in te beelden dat zij gedurende de hele week in een kist vol zaagmeel hebben gezeten en dat dit hun enige kans is om volledig tot leven te komen.

Of ik laat ze binnenkomen met hun ogen nauwer gesloten dan gebruikelijk - dit zal hen haast zeker meer vijandig doen voelen - en dan zal ik proberen het "terugkaats" effect op te roepen.

"Kom opnieuw binnen, maar deze keer met jullie ogen wijd open!"

Studenten met wijd opengesperde ogen zien alles in een positief licht, en een enorme energie kan loskomen. Zij zullen minder bang lijken van de "ruimte" rondom hen, en zij zullen waarschijnlijk stoppen met "zichzelf te beoordelen". Verwijder verdedigingsmechanismen in het leven en je vergroot angst: verwijder ze op het podium en angst neemt af..

PLAATSING VAN DE TEAMS

Spelers zouden comfortabel moeten zitten op banken aan de zijkant van het podium zodat zij niet de aandacht wegtrekken van de voorstelling maar wel nog dicht genoeg zitten om snel op het podium te gaan om de andere performers te helpen.

Keith Johnstone - Impro For Storytellers p. 3

Teams bij Loose Moose kunnen in het halfdonkere wegzakken in de 61cm diepe slotgracht rond het podium, maar vele groepen plaatsen hun teams op de voorgrond, belichten hen te allen tijde, en zetten hen soms tegenover de achterkant van het podium, met hun aangezicht naar voren toe, waardoor zij gedwongen worden om vaste gezichtsuitdrukkingen van vrolijkheid vol te houden (dit is typisch voor "Game-Show Theatresports™ ", in dewelke de Ceremoniemeester de ster is en de spelers mogelijks van niet meer betekenis zijn dan de vrijwilligers in de "geef-weg" shows op Televisie).

HET VERLATEN VAN HET PODIUM

Loose Moose Theatre
Calgary, Canada
door Breanna Kennedy

Keith Johnstone

Wanneer performers hun scène beëindigen, zouden zij naar hun bank moeten gaan. (Sommige performers willen een buiging maken voor hun optreden maar dit wordt inefficiënt omdat het publiek voor de prestatie waarschijnlijk al geapplaudisseerd heeft wanneer de lichten gedoofd werden.

THEATRE-SPORTS™ IN MEER DETAILS

RECHTERS

Teatro a Molla - Bologna, Italië
📷 *door Gianluca Zaniboni*

Rechters maken geen deel uit van het entertainment, zij zijn eerder een vitaal element van de showstructuur met de rol om de spelers te beschermen en te ondersteunen en om de kwaliteit van de wedstrijd te verbeteren. Zij zijn niet slechts scheidsrechters. Omdat de Rechters zorg dragen voor de spelers, kunnen die op hun beurt grotere risico's nemen. Je weet dat de Rechters jou van het podium zullen sturen wanneer je het publiek verveelt, zij zullen je straffen wanneer je het publiek beledigt, zij zullen je op schema houden wanneer je verstrooid raakt, zij zullen de lastige beslissing nemen wanneer noodzakelijk en nemen de hitte van het publiek weg, jou beschermend en het publiek toestaand om de speler als een held te beschouwen.

Keith Johnstone

De Rechters zijn de strenge ouders, en de spelers zijn de "stoute maar goedaardig ingestelde kinderen".

Rechters bereiken dit allemaal door:
· de autoritaire figuren te zijn waartegen spelers en toeschouwers kunnen reageren
· het toevoegen van efficiëntie en duidelijkheid
· beslissingen te nemen wanneer noodzakelijk
· de spelers eraan te herinneren om efficiënt uitdagingen te formuleren en te aanvaarden
· de spelers aan te moedigen om scènes te starten wanneer getreuzeld wordt ("de scène zal beginnen in 5-4-3-2-1")
· de spelers te vragen om luider te zijn
· middelmatig materiaal van het podium te halen alvorens het publiek verveeld geraakt door:
  · de Toeter te gebruiken
  · de lichten met een wuifgebaar te laten doven
  · aan side-coaching te doen: "vind een einde" of "30 seconden om de scène te beëindigen"
· een oogje te houden op de inhoud en variëteit van de show:
  · spelers waarschuwen voor gedrag dat dient aangekaart te worden (te veel ongehoord taalgebruik, gebrek aan afwisseling in scènewerk, het niet efficiënt starten van scènes, enz.)
· de "Mand" bestraffing te geven
· uitdagingen te weigeren, net zoals de teams dat kunnen - naar hun oordeel opdat het de show ten goede komt. Voorbeelden: weigering op basis van té repetitief te zijn "We hebben die uitdaging reeds gezien", of té gevaarlijk "Omwille van brandveiligheid worden geen echte vlammen toegestaan op het podium."

Op het einde van de scène, geven alle Rechters een score tussen EEN (laag) en VIJF (hoog).
Alhoewel alle Rechters gelijk zijn, is er één "Hoofd Rechter" wiens titel de illusie van authoriteit verhoogt. Hij of zij kan de kop of munt toss leiden en ook de eindbeslissingen nemen.

➲ **TIP** - Rechters zouden geen grappige pakken mogen dragen. Dit vermindert hun rol van autoriteit in de ogen van het publiek. Het is leuker om te schreeuwen naar **autoritaire figuren**.

Keith Johnstone

Geef de Rechters geen verschillende verantwoordelijkheden. Bijvoorbeeld een Verhaal Rechter, een Technische Rechter, en een Amusement Rechter. We hebben dit uitgeprobeerd en het werkte nooit zoals het bedoeld was. Het werd ofwel genegeerd ofwel veroorzaakte het verwarring. Doe het a.u.b. niet.

OPKOMST VAN DE RECHTERS

Rechters zouden geen uitgebreide opkomsten mogen hebben of zouden niet de efficiëntie van de show mogen onderbreken. Rechters zouden tezamen moeten opkomen en wanneer dat gebeurt, dan nodigt de Commentator het publiek uit om "Boe" naar hen te roepen. Dit zet een omgeving op waar het publiek zich vrij voelt om speels te reageren op de autoritaire figuren van de voorstelling. Rechters hoeven zicht niet geraakt te voelen door of te reageren op het boegeroep.

Keith Johnstone - Impro For Storytellers p. 8

Ik laat de Commentator zeggen: "Kunnen we de afgesproken "boe"-scène voor de Rechters hebben!". Twee Rechters lopen over het podium naar hun "bank", terwijl een derde zich naar het centrum van het podium begeeft om de kop of munt toss voor zich te nemen. "Jullie zouden allen tezamen moeten blijven," zei ik. "Dit spaart tijd uit."
"Maar dan zien we de Rechters niet als 'één organisme'. Steek het podium over als een eenheid en neem jullie plaatsen in terwijl het publiek fluit en boe roept. Dan kan de Commentator in het boegeroep tussenkomen en zeggen: "De Hoofd Rechter naar het midden voor de kop of munt toss, a.u.b.!" (Deze "Hoofd Rechter" is een fictie - één Rechter mag niet de baas spelen over de andere twee.)

Performers die als Rechter optreden hoeven zich geen zorgen te maken dat het publiek hen "aardig" vindt. Rechter zijn is een bekwaamheid die moet aangeleerd worden. Spelers moeten hun medespelers toestaan om vergissingen te begaan met de Toeter en moeten op de Rechters vertrouwen dat zij daar zijn met de juiste ingesteldheid.

Bij een goede avondvoorstelling zal het publiek reageren op de Rechters wanneer de Toeter wordt ingezet. Dat de Rechters op boegeroep worden onthaald verdient de voorkeur op dat het met de spelers of de voorstelling gebeurt. Een beetje emotie gericht aan de Rechters verdient ook de voorkeur op dat het publiek stil wordt omdat niemand de verantwoordelijkheid neemt voor de prestaties op het podium.

⊃ **TIP** - Speel games zoals het Koning Game tijdens repetities om goede Rechterbekwaamheden in te oefenen. (Zie IMPRO FOR STORYTELLERS pg. 237)

HEL RECHTERS

Rechters kunnen getraind worden door het inzetten van "Hel Rechters". Dit is een unieke manier om performers oprecht in te laten spelen op de behoeften van het publiek. De Hel Rechter (of rechters) zit uit het zicht van het publiek - meestal achter het publiek in het theater. Hun taak is het om te zien of het publiek opgaat in de voorstelling of niet. Dikwijls worden de performers op het podium en de Rechters die vooraan zitten makkelijk beïnvloed door de luidruchtige eerste rij. Dit kan misleidend zijn voor het perspectief van de Rechters over het hele publiek. Wanneer de Hel Rechters zien dat het publiek zijn interesse aan het verliezen is als massa, dan drukken zij op een knop die een signaal doet oplichten vlak voor de gewone Rechters. Dit signaal is een klein rood lichtje in het zicht van de Rechters en niet merkbaar voor het publiek. Wanneer het licht aangaat dan is dat een STERKE indicatie dat de Rechters mogelijks het geluid van de Toeter voor saaiheid dienen in te zetten.

Het Hel Rechters licht kan helpen om de Rechters te trainen in het in lijn zetten van hun impulsen met het publiek en het geeft hen toelating om de Toeter te gebruiken in geval ze onzeker hierover zijn.

Keith Johnstone - Impro For Storytellers p. 67

Faling is deel van eender welk game, en tenzij dit begrepen wordt, zal Theatresports™ een activiteit zijn met hoog stressgehalte.

DE TOETER

De Toeter, waarnaar door velen verwezen wordt als de "Waarschuwing voor Saaiheid" is een van de meest unieke en belangrijke elementen van Keith Johnstone's Theatresports™. "VERLOSSER Toeter" betekent een hulpvaardig gereedschap voor diegenen die zich in moeilijkheden bevinden.

Beeld je in dat je op het podium bent, jouw hart is aan het bonzen, het acteerwerk is aan het sukkelen en jouw teamgenoten naast het podium bedekken hun ogen, niet meer in staat om het zinkende schip waarop je je bevindt te aanschouwen. Indien we spelen volgens de oude regels van het theater, dan zal de scène zich verder slepen en uiteindelijk eindigen. Het publiek zal beleefd applaudisseren en jij zal van het podium afsluipen, wetende dat de prestatie op zijn minst zwak was.

Maar ... dit is Theatresports™, geen traditioneel theater. De Toeter wordt ingezet wanneer de Rechters een scène dimmen die saai is of voortstrompelt en de spelers gestresseerd en ongelukkig lijken.

Wanneer de Toeter wordt geknepen, dan maken spelers zich van het podium af zonder dat hun ego wordt aangetast omdat de RECHTERS de blaam van "stout" zijn op zich nemen. Dan gaan we het opnieuw proberen.

Keith Johnstone - Impro For Storytellers p. 4

Scènes kunnen aanslepen, net zoals in conventioneel theater, maar eender wat dat langdradig is zal worden kortgesloten met een "Waarschuwing voor Saaiheid" (een knijp van een Redder Toeter), en wanneer de Rechters een scène aftoeteren waarvan iedereen aan het genieten is, dan zal er een massale verontwaardiging opstijgen.

Teatro a Molla - Bologna, Italië
door Manuel Nibale

De Toeter beschermt de spelers door hen toe te laten om risico's te nemen en om nieuwe ideeën uit te proberen, wetende dat indien het niet goed uitdraait de Rechters zullen helpen om hen van het podium af te krijgen. Het beschermt het publiek tegen het moeten aanzien van saaie scènes en ongeïnspireerde worstelingen van de spelers. Wanneer de Rechters een scène aftoeteren waarvan het publiek genoot, dan zullen zij beginnen te tieren, wat een grote energie in de ruimte brengt en laat het meer lijken op een sportevenement waarin de Scheidsrechter een onbillijke beslissing neemt tegenover jouw geliefde ploeg.

In het verleden hebben Improvisatiespelers gebruld tegen zwakke Rechters om de Toeter te knijpen. Zij begrijpen dat hij er niet enkel is om hén te helpen, maar ook het publiek. Wanneer iedereen weet dat het scènewerk verkeerd aan het uitdraaien is, dan is het het beste om eerlijk te zijn en dat toe te geven. Als we dat kunnen doen op een goedaardig ingestelde manier, dan verbinden we ons met de kern van Theatresports™.

Het publiek ziet een speciaal wezen dat kan glimlachen en spelen, zelfs in het vooruitzicht van faling. Zij zijn daartoe niet zélf in staat, maar de eerbiedwaardige Theatresports™ speler is dat wel. En door dit verbazende ding te doen, zal het publiek vermaakt worden ZELFS als het uitloopt op een faling. Zij kunnen genieten van het succes en de faling van de speler omdat zij daartoe toelating hebben gekregen, doorheen het gedrag van goedaardigheid.

Keith Johnstone - Impro For Storytellers p. 16/17/18

Indien een team een "Waarschuwing voor Saaiheid" ontvangt, moeten zij hun scène beëindigen en het podium verlaten (het is geen 'waarschuwing' maar een reëel iets, maar het klinkt minder beledigend dan een schreeuw van 'saaaaaaaiiiiii').
'waarschuwingen' worden gegeven door een 'knijp' van de redder Toeter die elke Rechter rond zijn/haar nek draagt. Voordat ik deze Toeters kocht, werden 'waarschuwingen' gegeven door een zero kaart, maar het voelt minder 'belerend' aan als je wordt 'af getoeterd' dan wanneer je een 'nul wordt aangemeten'. (Ook kunnen Rechters een scène beëindigen door de lichten met een zwaaigebaar te laten doven, zoals ook de lichttechniekers of de teamgenoten dat kunnen wanneer zij het moment geschikt achten.

Zelfs ervaren spelers zullen voortploegen, hopende op inspiratie die nooit komt. Onze spelers stormen soms in onze groene kamer na een slechte voorstelling al zeggende: "Waar waren de saaiheids-toeters wanneer we ze nodig hadden!" (alsof het verboden is om saaie scènes door hun zélf te beëindigen), maar er is een minderheid aan spelers die er zó van genieten om in het centrum van de belangstelling te staan dat het hen niet kan schelen dat zij langdradig zijn. Ik hoorde ooit een zeggen: "Ik ben een performer - waarom zou ik me zorgen maken om wat het publiek denkt?" (wat me doet vragen stellen over zijn seksleven).

Zulke spelers zullen klagen dat de waarschuwing is gegeven (of dat de lichten worden gedoofd), voordat mensen hun interesse hebben verloren, maar kon er mogelijks een beter moment zijn? Het publiek zal brullen van woede indien een scène ongerechtvaardigd is af getoeterd, en dit verenigt hen met de acteurs tegen de Rechters (goed!), en ondanks dat voelen egoïstische spelers de 'onrechtvaardigheid'.
Geen Rechter kan de hele tijd gelijk hebben,' zeg ik. 'En Theatresports™ is geen school waar het prestige van iedereen afhangt van het juist beoordeeld te zijn op punten. Trouwens, je wordt niet naar de toendra gestuurd gedurende een sneeuwstorm.'
Maar realiseer je je niet welk een deprimerend effect de waarschuwing heeft op het publiek?'
'Dat heeft het indien de spelers afsluipen als geslagen honden, maar het is hartverwarmend om improvisatiespelers te zien die worden weggestuurd maar goedaardig gemutst blijven.'
'Indien je verheven wilt worden, waarom improviseer je dan?' Wanneer onhandig gehanteerd, dan kunnen waarschuwingen brutaal zijn, maar wanneer juist toegepast dan creëren zij welwillendheid. De toeschouwers adoreren improvisatiespelers die van het podium kunnen gesmeten worden en toch goedgemutst blijven.

De Waarschuwing Aanvaarden.
Op zijn minst één groep zwakt de waarschuwing af door te zeggen dat het alleen maar betekent 'dat de spelers faalden in een mogelijk einde te zien'. Dit gaat in tegen de natuur van de sport. De toeschouwers willen boksers zien die knock-out worden geslagen, speed-boats die over kop gaan, en improvisatiespelers die onddubbelzinnig worden verteld dat hun scène heeft gefaald. Saai betekent saai en vele scènes zijn saai na twintig seconden (al onverbeterlijk onnozel).

In plaats van te leren hoe te worden afgewezen met goede humor - wat in zijn geheel slechts vijf minuten tijd neemt - verwijderen vele groepen de waarschuwing.

Een andere oplossing die geen voldoening geeft is om tijdslimieten op te leggen op alle scènes, soms zo kort als één of twéé minuten ('geen voldoening gevend' omdat spelers uit zichzelf zouden moeten leren hoe ze een scène beëindigen). Ik heb zelfs gehoord dat Theatresports™ wordt aangeprezen als 'geen scène langer dan 90 seconden', hetwelk zin zou hebben indien het totale event slechts vijftien minuten zou duren, maar waarom scènes met een heleboel kracht en energie afbreken? Misschien dat zwakke Rechters toegelaten hadden dat saaie scènes onnodig aansleepten, en dat de negentig-seconden-regel een reactie van wanhoop was.
In de vroege periode waren we zo beschermend voor de gevoelens van de spelers dat een team het podium bleef vasthouden tot de derde waarschuwing, en alle waarschuwingen dienden unaniem te zijn. Dan gooiden we teams van het podium na de tweede waarschuwing. Uiteindelijk, na veel hartbrekend onderzoek, besloten we dat gerechtigheid minder belangrijk was dan dode scènes van het podium af te krijgen, en we zeiden dat eender welke Rechter eender welke scène kon beëindigen op eender welk moment (zonder overleg), maar zelfs dan werden afschuwelijke scènes soms toegelaten voort te duren terwijl de verveelde Rechters met hun redder Toeters speelden maar onwillig waren om de 'daad te stellen'.

> Tegenwoordig kunnen de zogenaamde Hel Rechters (improvisatiespelers die achteraan het publiek zitten, zie pagina 324) op een knop drukken wanneer ze het saai vinden. Dit doet een rood 'Hel Licht' opgaan aan de voeten van de Rechters, en bij de lichttechnicus. De officiële Rechters kunnen dit negeren, maar het zal hen waarschijnlijk doen wakker schudden uit hun apathie. Ik zou meer discrete manieren hebben kunnen uitvinden om improvisatiespelers van het podium te verwijderen - zoals in 'komedie salons' waar de komiek moet weggaan wanneer een afbeelding oplicht achter de bar - maar ik wilde dat de waarschuwingen schreeuwerig zouden zijn omdat ik genoeg had van het publiek dat het theater 'waardeert' en dat zegt, 'ik vond het redelijk goed', alsof ze aan het discussiëren waren over een twijfelachtig ei.

Dit concept is echt redelijk vooruitstrevend. Lesgevers die zélf slechte training hebben genoten, missen het punt. Zij leerden om faling te vermijden eerder dan het te incorporeren en ermee om te gaan op een gezonde manier. Het is misschien niet verwonderlijk dat jonge mensen een meer aangename tijd hebben dan vele volwassenen wanneer ze omgaan met de Toeter, de Mand en faling in het algemeen.

Keith Johnstone - Impro For Storytellers p. 11

> Indien een team 'van het podium wordt getoeterd', verzeker dan dat zij goedaardig gezind blijven. Professionele acteurs zullen zeer waarschijnlijk boosheid of wrok laten merken, maar niemand bewondert dat, of wil hen bij zich thuis uitnodigen na de voorstelling.

Een oefening om goedgezind falen met de Toeter aan te leren

Impro Melbourne - Australië door Mark Gambino

» Wanneer ik mensen de Toeter aanleer, dan gebruik ik deze kleine oefening die ik hiervoor bedacht. Ik vraag drie mensen om Rechter te zijn en vraag alle anderen naar één kant van het podium te gaan. Ik zeg hen: "Jullie komen per tweeën op en spelen een scène. Op een willekeurig moment zal de Toeter honken. Laat ons inoefenen om de Toeter te aanvaarden met een speelse goedaardige reactie. Geef een gelukkige indruk wanneer je de Toeter hoort afgaan. Wanneer je een vervelende of boze indruk laat, dan zal je een nieuwe opkomst krijgen en zo veel als nodig is omdat we soms niet bewust zijn van onze eigen uitdrukkingen en hoe het publiek die percipieert." Dan ga ik achter de drie Rechters zitten en kan ik één van hen of alle drie eventueel een tikje geven om de scène af te toeteren om ze te helpen de willekeurigheid van het getoeter aan te moedigen. Twee spelers komen op het podium, op een zeker moment honkt de Toeter, indien zij een gelukkige indruk laten dan zeg ik "dank u, volgende!" en twee andere spelers komen op het podium. Wanneer zij geen gelukkige indruk geven dan zeg ik "jullie zagen er een beetje boos uit, of geschrokken of geërgerd. Probeer opnieuw!" Dan doen zij een nieuwe scène.

Ik streef ernaar om de Toeters willekeurig en speels te laten aanvoelen. Ik kies momenten uit wanneer zij denken dat het niet zal gebeuren want dat is het moment waarop we de meest eerlijke uitdrukkingen krijgen. Ik laat scènes soms lang duren, toeter mensen af die nog aan het opkomen zijn, na een openingszin, of laat het aanslepen tot op het punt dat ze wensten dat er een getoeter kwam. Indien de drie Rechters hun taak goed vervullen, dan kom ik niet tussen. Ik ben daar aanwezig om de druk van hen te verlichten en om hen te ondersteunen.

Dikwijls worden mensen zich zeer bewust van het verschil tussen een speelse aanvaarding van de Toeter of een negatieve. Zij leren ook dat de Toeter honken niet altijd makkelijk is en brengen meer begrip op voor de Rechters.

Ik werk er dan naar toe om van het willekeurige weg te gaan en om het toetermoment te kiezen die de spelers redden. Het aanleren van Woord-per-Keer met "Opnieuw!" is een goede inleiding tot de oefening van hierboven. « Patti Stiles

DE MAND

De Rechters kunnen spelers bestraffen door hen kort uit het spel te zetten met een mand op hun hoofd gedurende twee minuten (typisch naar de schaduwruimten gestuurd waar ze kunnen gezien worden door het publiek indien zij willen maar waar het niet afleidend is voor het podiumwerk). Terwijl de straf slechts representatief is, voegt dit een meerwaarde toe aan de zogenaamde autoriteit en belangrijkheid van de competitie. Het ondersteunt ook de spelers door hen toe te laten te spelen zonder creatieve censuur.

Indien zij iets zouden zeggen of doen dat kan beschouwd worden als van slechte smaak, dan worden ze gestraft. Door deze bestraffing toe te passen voelt het publiek dat de beledigende speler wordt aangepakt en eender mogelijke onhandigheid wordt vermeden.

De Mand bestraffing wordt typisch toegekend aan een speler die "onbeleefd, ruw of beledigend" is **buiten de context van een scène**. De Rechters geven aan deze suggestie dikwijls een draai om het moment te dienen. Bijvoorbeeld, een speler die zich heel de tijd misdragen heeft ten nadele van de Rechter zal een Mand bestraffing worden toegekend. In één zeer zeldzaam geval werd een toeschouwer een Mand bestraffing toegekend voor iets dat hij zei. Een andere toeschouwer riep namelijk om een Mand bestraffing! Het was goedaardig bedoeld en het droeg bij tot de ervaring van de voorstelling.

Het publiek wordt dikwijls uitgenodigd om te roepen een bestraffing toe te passen. Daar houden zij van en het draagt bij tot een directe betrokkenheid. Maar indien je dit inlast in jouw voorstelling, maak het dan duidelijk dat een roep voor een Mand bestraffing dient te worden geuit NADAT de scène afgewerkt is.

Sommige groepen nodigen hun publiek uit om te schreeuwen en om dingen te gooien gedurende het scènewerk. Dit moedigt dwaasheid aan en de kans om iets waardevols te bereiken is onder zulke omstandigheden zowat ongeveer zero. Zulke afleidingen richten de aandacht meer op de structuur dan op het eigenlijke scènewerk. Het kan ook gevaarlijk zijn om objecten te gooien naar spelers omdat die de belichting op hun ogen gericht hebben en het aankomende projectiel niet kunnen zien naderen.

*Theater Anundpfirsich
Zurich, Zwitserland,* door Mike Hamm

Quadrifolli - Milano, Italië
door Gippo Morales

SCORES EN SCOREKAARTEN

In gejureerde wedstrijden zit elke rechter met vijf grote kaarten (ongeveer kniehoog - groot genoeg om gezien te worden tot achter in het theater.) Elke kaart heeft een groot cijfer erop. Zij zijn genummerd van EEN tot VIJF op beide zijden van de kaart..
Onmiddellijk volgend aan de scène steken de Rechters hun Scorekaart omhoog zodat het publiek en de Commentator (en Score-houder) ze kunnen zien. De scores worden opgeteld en aangebracht op het scorebord.

Het Theater van het moment zelf.
Dan O'Connor
LA Theatresports™
Los Angeles, Verenigde Staten

Keith Johnstone - Impro For Storytellers p. 10

'Stel ons voor dat de Aardvarks een ongeïnspireerde scène hebben gebracht. Willen de Rechters de scène a.u.b. een score toekennen.' Elke Rechter steekt een één (punt) kaart omhoog.
"Maar indien de scène slechts één punt waard was, waarom waren we ze dan aan het bekijken? Toeter saaie spelers van het podium. Laat hen niet voort murmelen.'

Zelfs als de scène van het podium wordt getoeterd, dan wordt ze nog steeds een score gegeven door de Rechters. Dit is een nieuwe kans voor het publiek om haar verontwaardiging te tonen indien ze van mening verschillen met de Rechters of om enthousiast te schreeuwen wanneer "hun" team de score krijgt toegekend die het verdient.

In het geval van een EEN tegen EEN of een TEAM tegen TEAM uitdaging brengt elke Rechter één arm omhoog en steekt één vinger in de lucht. Dan richten zij, gelijktijdig, naar het team dat elk van hen denkt de uitdaging gewonnen te hebben.

Scores toekennen in een Deense wedstrijdvorm houdt in dat het publiek juicht voor het team wiens scène zij het beste vinden op het einde van een ronde. Nadat beide teams hun uitdaging hebben beantwoord met hun scène vraagt de Moderator aan het publiek om de naam van het team te scanderen dat hun voorkeur wegdraagt. Het winnende team wordt vijf punten toegekend.

Keith Johnstone - Impro For Storytellers p. 9

Ik vraag hen om zich in te beelden dat de Fat Cats een goeie prestatie hebben geleverd. Elke Rechter steekt een kaart met drie punten omhoog. 'Maar indien het goed was - waarom dan niet een aantal vieren? Wees niet bevreesd om kritiek te krijgen omdat je hoge scores toekent!'

EERLIJKHEID

In sommige groepen in de wereld willen Rechters dikwijls de scènes beoordelen op zodanige manier dat de punten "gebalanceerd" zijn. Het idee dat teams gelijke punten zouden moeten scoren, onafhankelijk van de amusementswaarde van het werk, gaat in tegen de idee van eerlijkheid in improvisatie.

Wanneer Rechters trachten om drama te creëren door de score kunstmatig te veranderen, dan merkt het publiek dat en voelt zich gemanipuleerd. Wanneer het publiek een enorm superieur team aan het werk ziet in een gelijk opgaande wedstrijd met een team dat de hele avond heeft gestrompeld, dan voelt het zich bedrogen. De improvisatiespelers zullen waarschijnlijk ook verborgen schaamte voelen nadat zij evenwaardig werden beoordeeld aan (of nog erger: hebben gewonnen van) een sterker team.

Het gaat niet om dingen 'eerlijk en gebalanceerd' te maken. Het is belangrijker om de spelers te trainen een positieve gemoedstoestand te behouden en hen leren om te gaan met faling en verlies (en evenzo met succes en overwinning).

CHALLENGES

*Loose Moose Theatre
Calgary, Canada
door Breanna Kennedy*

⊃ **TIP** - Eenvoudige efficiëntie is een thema dat Keith aanmoedigt. Oefen erin om jouw scène of game op te zetten met zo weinig mogelijk woorden als nodig en maak voort met de voorstelling.

Heel wat discussie gaat naar wat nu een goede uitdaging is en welke uitdagingen het beste aan een show zullen bijdragen. Onthoud dat Theatresports™ een voorstelling is die gevuld wordt met variëteit. Indien elke scène een specifieke tijdsduur en gelijkaardige emotionele kwaliteit heeft, dan zou de show niet week na week een publiek aantrekken. Hier is wat Keith aanraadt:

Keith Johnstone - Impro For Storytellers pg. 13-16

Het uiten van uitdagingen: Hou een zekere vormelijkheid aan. Uitdagingen zouden belangrijk moeten overkomen. (Indien de spelers het spel niet serieus kunnen nemen, waarom zouden de toeschouwers dat dan doen?). En wees kort. De meeste uitdagingen zijn duidelijk. Indien je iets essentieel vergeet - bijvoorbeeld dat een "gemiste-graai" een Hoed game doet verliezen - dan kan de Commentator of een Rechter dit verduidelijken.

Vele teams dagen enkel uit in games (en tot dezelfde games), maar onverwachte en nog-niet-van-gehoorde uitdagingen houden de spelers scherp. Daag uit naar nieuwigheden zoals een spellingswedstrijd, of naar de meest overtuigende verpersoonlijking van een beroemd persoon, of naar de beste scène met een toeschouwer, of naar de beste scène gedirigeerd door het andere team. Neem risico's. Uitdagingen die dom lijken, niet begrijpbaar of herhalend zijn moeten altijd geweigerd worden (naar het oordeel van de Rechters). Een team kan zeggen: "Wij maken bezwaar!!" en de Rechters kunnen vragen: "Op welke gronden?" Zij kunnen dan antwoorden: "Afgewezen!" of: "Toegestaan!"

Sommige groepen willen uitdagingen bannen die "altijd falen" (er was ooit een beweging om een veto te stellen tegen het "Hij zei / Zij zei" Game, maar indien we elke game die een groep niet graag had mijden, dan zouden de moeilijke games nooit onder de knie worden gekregen. Het probleem ligt niet in de games, maar in de zwakke Rechters die ongeïnspireerde scènes laten aanslepen. Indien de spelers saai worden (wat zij zullen worden wanneer zij een game naar de knoppen helpen), gooi ze van het podium.

Grootse teams brainstormen om nieuwe uitdagingen te vinden; bijvoorbeeld: tot het beste één-minuut radio drama gespeeld in het donker (dit geeft ons publiek de mogelijkheid om te knuffelen), tot de beste scène die een voorwerp moet inhouden dat aangewezen is door het andere team (tijdens de Olympische spelen bood Calgary een levende geit aan), tot de beste scène die een vrijwilliger uit het publiek inzet (verboden gebied voor beginners want vrijwilligers moeten behandeld worden met liefde en generositeit en dit vergt vaardigheid), tot de beste opvoering van een volksverhaal (met een vrijwilliger uit het publiek als de Held), tot de beste liefdesscène met een tragisch einde, tot het beste excuus, tot de beste leugen, tot de beste blootstelling aan een onrechtvaardigheid, tot de beste wraak, tot de beste ontsnapping, tot de meest medelijdende scène, tot de beste inzet van het andere team (bijvoorbeeld als een mop in een sciencefiction film, als een meubel, als bowling ballen), tot de meest serieuze, positieve, waarheidsgetrouwe, romantische, gruwelijke, of saaie scène (op de Olympics presenteerden de Denen een onvergetelijke "meest saaie voltrekking van een huwelijk"), tot een familierelatie, tot een scène met pathos, enzovoort.

Grootse teams zetten zichzelf doelen zoals het betrekken van vrijwilligers uit de toeschouwers in elke scène, of zoals elke scène in jabbertaal te spelen. Wanneer teams uitsluitend uitdagen tot Theatre Games (en tot dezelfde games week na week) dan creëert dit dezelfde monotonie als soep gevolgd door soep gevolgd door soep.

Spellen zijn er om contrast aan te leveren en zouden moeten ingelast worden tussen verhalen in, of tussen uitdagingen in tot 'de beste religieuze scène', of 'tot de meest psychotische scène', of wat dan ook.

De behoefte aan variëteit: Wonderlijke uitdagingen worden soms gecreëerd in de hitte van het moment, maar wanneer de inspiratie het laat afweten, dan zal elke uitdaging waarschijnlijk gelijken op de voorgaande. Een scène waarin iemand om een job vraagt wordt gevolgd door een andere scène waarin iemand naar een job vraagt. Sommige groepen trachten dit op te lossen door vage uitdagingen te uiten; bijvoorbeeld: 'Wij dagen uit tot een scène die fysieke vaardigheden inhoudt', maar dan drijft Theatresports™ verder af van sport (omdat er minder directe vergelijking is tussen de teams).

※ THEATRE-
SPORTS™
IN MEER
DETAILS

Het Audience team wilde zulke problemen vermijden door te roepen: 'Het boek! Het boek!' en al paniek voorwendend, snelden zij naar een boek om het te openen in dewelke zij mogelijke uitdagingen hadden genoteerd. Indien je zo'n boek maakt, schrijf dan verbale uitdagingen in één kolom, fysieke uitdagingen in een andere kolom, solo uitdagingen in weer een andere kolom, enzovoort.

Duurtijd van de uitdagingen: Sommige groepen verwachten dat elke scène zes minuten duurt (of eender hoe lang), maar dit vermindert de variëteit. Anderen nemen aan dat een scène die een kwartier duurt beter is dan één die dertig seconden duurt. Ik heb wedstrijden gezien in dewelke niet één scène de performers tot tevredenheid stemde, en toch strompelden zij verder om ze allemaal minstens zes minuten te laten duren. Het zou beter geweest zijn te zeggen: 'Dit is rommel! Laten we opnieuw starten!'

Vermijdt 'lock-ins': Zet jezelf niet in de val door aan te kondigen wat er zal gebeuren tenzij je niet anders kan. Bijvoorbeeld: indien de Commentator heeft gezegd:

'En nu gaan we voor de finale uitdaging', en indien de scènes afschuwelijk zijn, dan wordt het moeilijk voor de Rechters om een volgende uitdaging toe te voegen. Een ander voorbeeld: een Regisseur zet een dramatische scène op, en doet aan "over-regisseren" door te zeggen: 'Je kan enkel zinnen met drie woorden gebruiken.'
Het zou beter geweest die instructie later in de scène toe te voegen - indien dat nodig bleek.

Weigeren: Tegen een uitdaging kan voorbehoud worden aangetekend mits de goedkeuring van de Rechters. Zulke weigeringen voegen variëteit toe en geven de toeschouwers iets om over te discussiëren op de terugweg naar huis. Typische weigeringen kunnen zijn: 'Wij willen voorbehoud maken tegen de uitdaging op grond van dat iedereen er zijn buik van vol heeft!' Of: 'We denken dat de uitdaging te vaag is.' Of: 'We willen voorbehoud maken tenzij zij ons kunnen laten begrijpen wat zij bedoelen!'
Of: 'We hebben net twee scènes gehad in verzen. Wil er iemand echt die laten volgen door twee gezongen scènes?'
Als het voorbehoud is aanvaard, dan moet een nieuwe uitdaging worden geformuleerd, en indien ook die zou worden beoordeeld als onaanvaardbaar, dan moeten de Rechters een uitdaging van hun eigen formuleren. Rechters kunnen ook voorbehoud maken. Zij kunnen zeggen: 'Wij maken bezwaar tegen dat game!' (en geven redenen op); of zij kunnen hints aangeven, bijvoorbeeld: 'Indien je graag tegen dat voorbehoud zou maken, dan zullen we met plezier jou ondersteunen!'
Weigeringen zouden nooit automatisch aanvaard mogen worden; bijvoorbeeld: 'Wij dagen jullie uit tot de beste scène waarin een baard voorkomt!'
'We maken daar voorbehoud tegen!' - 'Op welke gronden?' - 'Op grond van dat zij baarden hebben en wij niet!' - 'Verworpen!'
Correct! Immers, een kaalgeschoren team zou baarden kunnen improviseren met pruiken, of een wetenschapper zou een haar-hersteller kunnen uitvinden die zó krachtig is dat een SWAT team zich er een weg doorheen moet scheren, naar hem toe. Wanneer drie leden van een team met hun hoofden in de manden hun straf aan het uitzitten waren (een zeldzame gebeurtenis), maakte de vierde speler voorbehoud tegen de uitdaging: 'de beste vier persoons rangorde'. Dit werd verworpen op de grond van dat het publiek verrukt zou zijn om één persoon vier verschillende karakters te zien spelen (of te zien werken met drie vrijwilligers uit de toeschouwers).
Spelers die meegaand willen zijn, zullen toestemmen om in scènes te stappen die niet het minste belang hebben voor hen (of voor ons), maar het is beter voorbehoud te maken dan volgzaam te zijn met wederzijdse zelfvernietiging tot gevolg.

Keith Johnstone - Impro For Storytellers p. 8

> De Fat Cats winnen de toss, en één van hen mompelt: 'Wat denken jullie van een meester-knecht scène?"
> Ik onderbreek: 'Je bent jong, je bent gezond, je bent niet kreupel! Ga in grote stappen naar de andere kant van het podium en poneer jouw uitdaging met een duidelijke stem. Wees formeel; kondig aan: 'Wij, de Fat Cats, dagen jullie uit, de Aardvarks, tot de beste meester-dienaar scène!' De stem mag niet maar juist gehoord worden, het is een zweep die de toeschouwers kastijdt. Wees dynamisch! Vergeet dat Hamlet spul om zich ziek te voelen voor het duel!'

HET WINNEN VAN PRIJZEN

Wanneer je Theatresports™ events organiseert, wees dan zeer voorzichtig in het toekennen van prijzen aan de winnaars. Oorspronkelijk boden Theatresports™ festivals trofeeën aan gemaakt uit voorwerpen gevonden rondom het theater.

Keith's inzichten waren dat de prijs inconsequent moest zijn en niet het echte competitie-instinct zou aanwakkeren. Hij vertelde zelfs aan deelnemers van festivals dat ze allemaal naar hun thuis theater zouden gaan en verkondigen dat ze allemaal gewonnen hadden en het gast theater zou altijd die informatie moeten bevestigen wanneer pers en media zouden opbellen vanuit hun thuisstad.

De focus van de show zou moeten zijn: samenwerken om elkaar te inspireren en een avond te creëren dat het publiek zich zal herinneren. Indien je prijzen toevoegt dan verhoogt dat de eigenlijke competitie en zal dat de geest van goedaardig spel en teamwork ontrafelen..

Een verhaal uit Noorwegen

Het nationaal improvisatiefestival in Noorwegen, dat beweerde dat zij het beste jonge improvisatieteam in het land zou kronen, kende duizend-dollar beurzen toe aan de winnaars. Gedurende vele jaren was het festival gekend voor sommige van de minst geïnspireerde vertoningen en voor een armzielige begeestering. Teams namen de competitie erg serieus en goedaardigheid was schaars.

Tegenwoordig heeft het festival een andere insteek. Zij bieden nog steeds een beurs aan, maar de jury neemt nu andere criteria in aanmerking. Nu kijken zij naar ondersteuning in de games, hoe de groepen samenwerken, waar zij vandaan komen en wie met het geld het meeste zijn voordeel zou doen. Zij kunnen de prijs zelfs opsplitsen tussen spelers en groepen die dat verdienen.

Helena Abrahamsen, Oslo, Noorwegen

Steife Brise - Hamburg, Duitsland
door Klaus Friese

Loose Moose Theatre - Calgary, Canada
door Deborah Iozzi

ADVIES VAN KEITH

Keith Johnstone - Impro For Storytellers p. 12

Dus mijn advies is:
- Vindt Rechters die je van het podium sturen wanneer je saai speelt
- Speel een match met publiek vooraleer je weet wat je aan het doen bent
- Hou de eerste wedstrijden genadig kort (tien minuten is ruim en kan uren lijken wanneer je ongeïnspireerd bent)
- Als je er een rotzooi van maakt, doe het goedgehumeurd
- 'Lik jouw wonden'; oefen de vaardigheden; duik er opnieuw in

In een schoolcontext kan het optreden voor publiek betekenen: spelen voor een andere klas, ofwel gedurende de lunchpauze, ofwel een andere school uitdagen.

AANDACHT VOOR DETAIL

SCENEOGRAFIE

Het heeft niet enkel betrekking op Theatresports™, maar scenografie is de kunst van ondersteuning van spelers en hun scènes door het aankleden van de omgeving met rekwisieten, meubelen, stoffen materialen en andere objecten. Zelfs indien er geen substantiële Scenografie of Scenograaf ter beschikking is om dit voor zijn rekening te nemen, dan nog is het raadzaam om een aantal rekwisieten, hoeden, stoffen en lange ballonnen, enz. ter beschikking te stellen van de improspelers.

Hier zijn een aantal voorbeelden van ondersteuning door Scenografie:
- Maak een woonkamer of een kantoor wanneer de scène daarom vraagt (drie stoelen bedekt met een laken als een sofa, een kist voor een tafel indien geen tafel beschikbaar is, enzovoort.).
- Voeg de extra karakters toe die een restaurant of een archeologische opgraving kunnen opsmukken.
- Doe mensen vliegen door hen simpelweg op te heffen.
- Wijzig het fysieke uitzicht van een scène om het verhalende te benadrukken door een klein dorp te creëren met vingers die door monsters worden vermorzeld.

In het Moose Loose Theater kende Scenografie een grotere toepassing met improvisatiespelers Tom Lamb en Shawn Kinley die zich ontfermden over het technische aspect van bewegende meubels om de efficiëntie te verhogen en die de scenografie wijzigden in het creëren van levendige beelden met eenvoudige objecten die achter de coulissen werden gevonden. Shawn zegde hierover: 'We voelden ons goed wanneer we de improvisatiespelers zagen oplichtten van inspiratie omdat we hen iets hadden aangereikt.'

Scenografie is een sterke leraar van improvisatie. De Scenograaf kijkt altijd uit naar manieren om de scène en de spelers te ondersteunen of om de beleving van de voorstelling nog te verhogen. Dit zijn nuttige vaardigheden voor elke improvisatiespeler.

Niet elke theatergroep of -compagnie heeft toegang tot een brede waaier van rekwisieten dus workshops zijn overal ontwikkeld geworden die Scenografie hebben aangepast aan het gebruiken van de beschikbare middelen.
Hier zijn enkele ideeën:
Oefen "Scenografie in een reiskoffer". (Een eenvoudige kist of een doos gevuld met inklapbare en aanpasbare objecten kan het doen laten lijken dat je tien keer meer rekwisieten hebt dan waarover je eigenlijk beschikt. (Solied gekleurd materiaal wordt een mantel, scherm, rivier, enz., regenschermen worden bomen, radarschotels, enz. ...). Je hebt niet veel opslagruimte nodig voor een reiskoffer met goedgekozen rekwisieten.
Ontwikkel mime vaardigheden en gebruik jullie lichamen om de noodzakelijke objecten en karakters uit te beelden.
Oefen in het aanpassen van jullie beschikbare ruimte naar een andere realiteit.

Loose Moose Theatre - Calgary, Canada
door Kate Ware

Keith Johnstone - Impro For Storytellers p. 5

Wanneer ook maar mogelijk voorzie ik rond de spelers tafels die bedekt zijn met rommel - een golfkarretje, bedden en beddengoed, rolstoelen, een boot waarmee ze kunnen 'roeien' op het podium, en wat dan ook.
Op tournee was het gebruikelijk dat het Theatre Machine de rekwisietenkamers plunderden - al lenende, bijvoorbeeld, de massieve Hansje en Grietje's kooi van de Weense opera (om ze dan niet te gebruiken).
'Scenografiemateriaal' wordt aangebracht door 'Snoggers', die in de coulissen op de loer liggen en klaar zijn om tuimelkruid over het podium te rollen voor een Western scène, of om stoelen te bedekken met 'zilverpapier' voor een scène in de hemel. Zij zullen het tapijt oprollen om zo de getekende omtrek van een lichaam op de vloer zichtbaar te maken (om een misdaadscène op te zetten), of leggen een zwart geschilderde ladder op het podium om een 'treinspoor' aan te duiden, of zij zullen zich aan beide zijden van het podium opstellen met een mand om een sportzaal te ensceneren. Soms worden vrijwilligers uit het publiek opgevorderd: ik zag op een keer vijftig mensen op het podium rennen en zich neerliggen en dan zuigende geluiden produceren terwijl de improvisatiespelers zich voordeden als eenden jagers die door het moeras aan het waden waren.

OPMERKINGEN

Na een voorstelling, gaf Keith dikwijls opmerkingen over de voorstelling. Opmerkingen zijn een belangrijke bron van informatie voor improvisatiespelers over de voorstelling en hun individuele prestatie.

De opmerkingen gaan over zowel de scènes als de voorstelling in het algemeen. Aandachtspunten kunnen dan zijn:
- Konden de spelers worden verstaan ?
- Was er voldoende ruime variëteit in de voorstelling of waren er drie scènes op een rij die over het maken van een afspraakje gingen ?
- Vertoefden de spelers in het licht ?
- Heeft een scène gevolg gegeven aan de beloften die zijn aangegaan door het opgebouwde platform, of is ze vastgelopen?
- Namen de Rechters voldoende risico met de Toeters?
- Behandelden de spelers de vrijwilligers uit het publiek goed ? Enzoverder ... .

Probeer dit uit:
- Ga na een voorstelling samen zitten..
- Herbekijk een lijst van de scènes en de technische elementen.
- Deel kort feedback maar begin niet te discussiëren.
- Zorg voor een regisseur die het succes en het falen van de individuele improvisatiespeler op het podium kan beoordelen vanuit het standpunt van die speler op te leiden, tezamen met zijn collega's. Bijvoorbeeld: Wanneer iemand overmatig in de belangstelling staat op het podium of de scènes overheerst, dan moet dit deel uitmaken van de opmerkingen. Anders wordt de sessie louter een herbekijken van de voorstelling zonder verbeterproces. Dit ontbreekt in vele Theatresports™ groepen en remt mogelijks hun ontwikkeling af.

Begrijp dat je het standpunt van één persoon over de voorstelling zult aanhoren. Dit betekent niet dat aangereikte Opmerkingen juist of verkeerd zijn, zij zijn gewoon een opinie. Opmerkingen worden eenvoudigweg gegeven, en dit op een efficiënte wijze en zonder in discussie te gaan. Zij dienen te focussen op wat gebeurd is, niet op wat een speler "wenste" dat er zou gebeurd zijn. Commentaar dient zodanig geformuleerd te worden dat het informatie en perspectief verschaft, en mag niet beschuldigen of verwijten maar zal aangeven hoe het scènewerk ofwel gefaald heeft ofwel tot een succes is geworden.

Een vijftien minuten durende sessie van opmerkingen is al wat je nodig hebt voor een voorstelling van twee uur.
Laat iemand die de leiding heeft vooraan zitten en de sessie "aansturen". Schakel over naar een volgend punt wanneer noodzakelijk.
Discussieer over de opmerkingen op gelijk welk moment en op gelijk welke plaats, maar niet gedurende de sessie van de opmerkingen zélf. Dat neemt té veel tijd in beslag en kan onaangename gevoelens opwekken.

Accepteren van Opmerkingen
Sommige mensen reageren alsof hun ego is verpletterd maar begrijpen heel snel dat de opmerkingen zijn bedoeld om de voorstellingen en de eigen ontwikkeling te verbeteren.
ONTHOU dat de opmerkingen tot doel hebben het toekomstige werk te verbeteren. Zij gaan over het werk en niet over de persoon.

Stage Heroes - Singapore
door Hyperfrontal Productions

Teatro A Molla - Bologna, Italië door Gianluca Zaniboni

* AANDACHT VOOR DETAIL

LIJST VAN GAMES

Unexpected Productions, Seattle, USA

Als je het formaat aanleert, kunnen sommige instructeurs in verleiding komen om studenten te leren dat de GAMES Theatresports™ zijn. Dit is verre van waar. Games worden gebruikt om gedrag bij te sturen dat schadelijk is voor het succes van de performers en hun scènewerk.

Games kunnen grappig zijn en ook de ontwikkeling van de speler bevorderen. Wanneer de les een impact heeft gehad, dan wordt het makkelijker voor de spelers om de structurele veiligheid te verwijderen en om meer risico te nemen.

Er zijn veel verschillende games, sommige veel nuttiger dan andere. Nuttige games trainen improvisatiespelers in ondersteunend, goedaardig gedrag en om risico en faling te omarmen. Nuttige games trainen ook de vaardigheden om verhalen op te bouwen. Minder nuttig zijn de games die improvisatiespelers trainen in slechte gewoonten zoals ontkoppeling van elkaar en het schade toebrengen aan verhalen. Wees op de hoede voor games die slechts verbale of intellectuele gymnastiek zijn, of die competitie of onaangename gevoelens aanmoedigen. Het publiek kan aan het lachen zijn maar vraag jezelf af "waarom?". Ga na of alle spelers genieten van de ervaring.

Veel groepen maken games complexer omdat zij erg bedreven worden in de regels van het game. Op den duur wordt een eenvoudig en elegant game dat bedoeld was om de improvisatiespelers te helpen om beter te werken een gecompliceerde serie van taken waar spelers als een soort dansende poedels door hoepels moeten springen.

Shawn Kinley - Loose Moose Theatre, Calgary, Canada

Het boek "IMPRO FOR STORYTELLERS" bevat games en oefeningen die nuttig zijn in de ontwikkeling van improvisatievaardigheden, het brengen van verhalen en de mentale ingesteldheid die kenmerkend is voor Theatresports™.

Wij bevelen aan om het boek van Keith aan te schaffen en om de volgende oefeningen te gebruiken :

· Geschenken geven pagina 58 *training*
· Woord- Per- Keer *p. 131 training & voorstelling*
· Wat Nu? *P. 134 training & voorstelling*
· Zinnen met drie woorden *p. 155 training & voorstelling*
· Zinnen met één woord *p. 155 training & voorstelling*
· Het hoeden Spel *p. 156 training & voorstelling*
· Gekke bekken trekken *p. 162 training & voorstelling*
· Dubben *p. 171 training & voorstelling*
· Dood op een rij *p. 183 training & voorstelling*
· Betekenis toekenen (Endowments) *p. 185 training & voorstelling*
· Freeze Games *p. 186 training & voorstelling*
· Uitdrukking raden *p. 187 training & voorstelling*
· Geen 'S' Game *p. 188 training & voorstelling*
· Een scène zonder... *p. 189 training & voorstelling*
· Zijwaarts scènes *p. 189 training & voorstelling*
· Ja-Maar *p. 190 training & voorstelling*
· Gebaar verantwoorden *p. 193 training & voorstelling*
· Zei hij/zei zij *p. 195 training & voorstelling*
· Bewegende lichamen *p. 200 training & voorstelling*
· Armen door *p. 202 training & voorstelling*
· Geluidscape *p. 208 training & voorstelling*
· Het publiek vervelen *p. 211 training & voorstelling*
· Behang drama *p. 212 training & voorstelling*
· Jabber scène *p. 214 training & voorstelling*
· Status *p. 219 training & voorstelling*
· Feestje met betekenis toekenen *p. 233 training & voorstelling*
· Het Koning game *p. 237 training & voorstelling*
· Meester-dienaar *p. 240 training & voorstelling*
· Slowmotion commentaar *p. 241 training & voorstelling*

Courtyard Playhouse - Dubai, Verenigde Arabische Emiraten 📷 *door Tiffany Schultz*

AFSLUITEND

FINALE BEDENKINGEN

Theatresports™ werd ontwikkeld vanuit een verlangen om een volledig geëngageerd toeschouwerspubliek te hebben in een openbaar theater event. Die visie, echter, was nooit het hoofddoel. Naarmate het concept groeide en op punt werd gesteld, werd het duidelijk dat om een blijvende waarde te verzekeren, onze levens en de eigen ervaringen van de toeschouwers zouden moeten weerspiegeld worden in de scènes. De scènes moeten de substantie zijn van een Theatresports™ voorstelling.

Wanneer juist uitgevoerd, dan is het vanzelfsprekend dat de inhoud belangrijker is dan de verpakking. Precies omdat Theatresports™ zo'n enorm participatief ritueel is, moeten we streven naar het focussen op extra aandacht op de verhalen die worden verteld tussen de fanfare door. De vreugdevolle absurditeiten van het juichen voor voorgewende ploegen in een theater gebeurtenis kan prachtig worden afgewisseld met scènes van scherpe en eerlijke emoties.

Eens dat de atmosfeer onstuimig is geweest, hebben de stille momenten meer betekenis. Wanneer je hen doet lachen, dan is er mogelijkheid om een gevoelige smaar te raken, tranen te doen ontrollen of eenvoudigweg dat je hen doet luisteren.

Harlekin Theatre - Tübingen, Duitsland
door Hartmut Wimmer

Een Verhaal uit Japan

Leden uit verscheidene groepen uit het land hielden een Theatresports™ weekend workshop met een afsluitende publieke voorstelling.

De laatste scène van de avond was een team-tot-team beslissende wedstrijd. Daar waar in vele landen een Rijm-scène een mogelijke spelkeuze is, werkt dit concept, omwille van de grammatica, niet in het Japans. In de plaats hiervan speelden zij "de beste scène gesproken in het Haiku". Het resultaat was zó rakend en aangenaam dat je het publiek kon horen zuchten en naar adem snakken, de spelers waren duidelijk aangedaan en zelfs zij die de taal niet begrepen, voelden dat zij getuige waren geweest van iets eenvoudigs maar wel prachtigs.   Steve Jarand

Welkom in de iTi gemeenschap en veel succes in jouw avonturen met Theatresports™!

VOOR VERDERE INFORMATIE

Impro (Uitgeverij Bloomsbury Methuen Drama) - Keith Johnstone: Beschrijft de genesis en de voortdurende ontwikkeling van Impro Theater.

Impro For Storytellers (Faber and Faber), Keith Johnstone: Beschrijft het formaat van Theatresports™, achtergrond en essentiële punten over hoe het te spelen. Ook andere KJ formaten komen aan bod en vele scènes / games / oefeningen worden uit de doeken gedaan.

ITI Nieuwsbrieven: Dit is een maandelijkse online publicatie die artikels, bronnen en verhalen deelt. Teken in op: theatresports.org/iti-newsletter

Theatresports.com: Op de tab "Resources" - Keith Johnstone Newsletters (afgescherm met paswoord). Er zijn er verscheidene volledig gewijd aan Theatresports™. Wat je daar ook zal vinden: lijst van aanbevolen lesgevers, video's, boeken, artikels, gidsen voor formaten en vertalingen.

Theatresports™ Handbook APP: beschikbaar op iTunes

Voor rechtstreekse vragen: admin@theatresports.org Of nog beter, contacteer jouw regionale vertegenwoordiger: theatresports.org/board-members-contact-us

Voor meer informatie over Keith Johnstone's Theatresports™ en Theatersport in Nederland, gelieve contact op te nemen met het ITI kantoor admin@theatresports.org